高校生のための

哲学・思想入門

哲学の名著
セレクション

竹田青嗣／西 研 編著
執筆協力 現象学研究会

筑摩書房

装幀　神田昇和
表紙絵　Caspar David Friedrich
“Owl in a Gothic Window”

古代〜近代

現代

哲学への招待

竹田青嗣

現代は相対主義の時代である。そして哲学にとって不幸な時代だ。なぜなら、相対主義が強い時代では哲学への不信が大きくなるからだ。このことを理解するには、大昔から哲学に存在する「三つの謎」について考えるとよい。哲学の三つの謎、それは、「存在の謎」、「認識の謎」、そして「言語の謎」である。

存在の謎

ギリシャ哲学はタレスの「万物の原理は水である」という説からはじまった。これは、現在なら、最もシンプルな元素は水素原子である、というのと同じだ。宗教は、例えば、世界は神が創ったという「物語」によって、世界の意味を教える。これに対して哲学は、「物語」を使わず、世界は根本の最小単位からできている、という自然科学的な考えから開始した。これは、世界の最も根本要素をどのような言葉（＝概念）で呼び当てれば、より多くの人間が納得できるか、という独自の「言語ゲーム」の方法だった。この哲学の方法から自然科学の方法が現れた、ということは覚えておいてよい。

ギリシャ哲学は、この方法を推し進めた。ピュタゴラスは世界の原理は「数」である、と主張し、アナクサゴラスは「理性《ヌース》」といい、そしてプラトンは「イデア」だと説いた。これらの答えはそれぞれ独自の意味をもっている。それぞれ世界の形式性や、動因や、人間的な真善美の本質を言い当てようとしたものだ。つまり、哲学の「存在の謎」とは、世界や人間の意味、その「ほんとう」を、適切な概念（＝「原理」）で呼び当てる営みとして展開したのである。そしてこの「存在の謎」は、つねに哲学者たちにとって最も大事な探求の主題でありつづけてきた。

認識の謎

哲学は、世界や人間についての最も深い意味や本質を探求する。しかしこれはもちろん簡単な営みではない。さまざまな哲学者がさまざまな考えを提示するが、それらは必ずしも一致せず、ある場合根本的な対立を生み出す。「一元論」対「二元論」、「観念論」対「唯物論」などがその代表だ。そしてこの世界観の対立がうまく解決できないまま進むと、それは、一体人間は世界や人間の真理を正しく認識できるのか、という「認識の謎」を生み出すことになる。

ギリシャ哲学でも、多くの理説の対立が生じ、「認識の謎」が現れた。しかしそれは、近代哲学で哲学の最も中心的な哲学の謎となった。それには訳がある。近代は、自然科学がはじめて自然世界を客観的に認識する方法を生み出した時代だった。近代哲学者たちは、この方法をもちいれば、人間や社会の問題についても客観的な認識方法を確立できると期待した。しかし実際は、この領域では厳密な客観認識は成立せず、やはり根本的な理説の対立がつづいた。一体なぜだろうか。この問いが、近代哲学における独自の「認識の謎」を生んだ。それが「客観と主観は一致するのか」という問いである。

この問いをはじめに提出したのはデカルトだ。よく考えると主観と客観は原理的に一致しない。そのことは論理的に証明できる、と。この結論は哲学者たちにとって衝撃だった。主観と客観が原理的に一致しなければ、そもそも「正しい認識」は存在せず、一切の認識はすべて相対的だということになる。それだけではなくもっと重要なことがある。もし「正しい認識」が成立しないなら、善悪や正義、不正義といったことにも真の基準はないことになる。するとどうなるだろうか。世の中の善悪や正・不正は、結局のところ力の強いものが決めるだけ、という結論が避けられなくなるのだ。

近代哲学の大きな峰は、デカルト、ヒューム、カント、ヘーゲル、そして最後にニーチェである。彼らは例外なくこの問題の重要性をよく自覚していた。そのために誰もがこの「認識の謎」（主観—客観問題）と格闘したのである。

言葉の謎

現代哲学では新しい問いが提起される。それが「言語の謎」だ。ここにも事情がある。第一に、一九世紀の後半から近代哲学に対する大きな批判が現れてきた。哲学はあまりに抽象的で難解なものになり、人間社会にとって役に立たないという批判である。もう一つある。二〇世紀、人類は破壊的な二つの世界大戦を経験した。このことでヨーロッパ的な「理性」や「合理性」に対する大きな反省が生じた。これらのことから、ヨーロッパの近代的理性のありようを批判する新しい哲学のトレンドが登場した。それが現代の言語哲学（分析哲学）である。そもそも言葉は物事を、また人の考えを「正しく伝えること」ができるのか。これが現代の言語哲学の中心の問いだ。

「言語の謎」は「認識の謎」から派生してきたものだ。ただし、近代の「認識の謎」が認識の可能性を求めて行われていたのに対して、現代の「言語の謎」はむしろ、客観や真理の認識という考え方は古く、どんな論理も相対的でしかないという考えによって支えられている。現代哲学は相対主義の哲学なのだ。

現代の言語哲学の代表者の一人、ウィトゲンシュタインの有名な言葉はこうだ。「語りえないものについては、沈黙しなければならない」。哲学はこれまで世界について無意味な言葉を語ってきたにすぎない。いまや哲学はその使命を終えたのだ……。

しかし実際には、哲学は終わったわけではない。現代哲学には三人の巨匠がいる。フッサール、ハイデガー、ウィトゲンシュタインである。ハイデガーは「存在の謎」を、ウィトゲンシュタインは「言語の謎」を探求した。そしてフッサールは「認識の謎」をほとんど解明するところまで進んだ。つまり、現代哲学では、哲学の三つの謎がそれぞれの仕方で探求されているのである。

哲学はどこにゆくのか

しかし、はじめに触れたように、哲学で最も中心の問いは、人間や世界の「ほんとう」をどう考えるか、という問いだ。優れた哲学者は必ずこの問いに迫って、優れた考え方を作り出している。彼らの説をしっかり追いつめると、じつにシンプルな核心をもっていることが理解されてくる。このシンプルな考え方にじっと立ち止まって、それでもなお、なるほどこれはじつに深く考えられている、と思えるような考え方こそ重要であり、そこに哲学の思考のエッセンスがある。

私の考えはこうである。現代哲学では「言語の謎」についての議論が花盛りである。現代は相対主義の時代だからだ。ここでは人々は「ほんとう」のものを探求しようとする意欲を失いかけている。しかし、哲学の探求は、「認識の謎」や「言語の謎」を徐々に克服しつつある。そして、そのことによって、社会の本質や人間の生の「ほんとう」を求める哲学の言葉は、もういちどその信頼と輝きを取り戻すだろうと。

哲学は難しい。しかし、哲学の難解な議論にうまく対抗できなかったら、哲学のほんとうに大事なエッセンスに届くことができない。哲学の議論がいつもやっかいな「謎」につきまとわれてきたこと、また、それらの「謎」がどのように進展してきたかを理解することは、この意味でとても重要なのである。

哲学者たちが、この三つの謎とどう格闘しながら哲学の思考を前進させてきたのか。この点を念頭におきつつ、それぞれの哲学者の思索を味わってほしい。

哲学・思想史年表

（太字は本書掲載の哲学者・思想家）

年代		世界史	哲学者・思想家
前五世紀	前492	ペルシア戦争	【ギリシア哲学】
前四世紀	前400頃	旧約聖書成立	ソクラテス（前469頃-前399）
前三世紀	前334	アレクサンドロス大王の東征	→**プラトン**（前427頃-前347頃）
前二世紀			→**アリストテレス**（前384-前322）
前一世紀	前4	イエス誕生	
一世紀			
二世紀	200頃	新約聖書成立	
三世紀			
四世紀	395	ローマ帝国の東西分裂	
五世紀	476	西ローマ帝国滅亡	アウグスティヌス（354-430）
	486	フランク王国成立	
六世紀			
七世紀	610頃	イスラム教成立	
八世紀			

九世紀	829	イングランド王国成立
一〇世紀	962	神聖ローマ帝国成立
一一世紀	1096	十字軍の遠征はじまる
一二世紀		
一三世紀	1299	オスマン帝国建国
一四世紀	1339	英仏百年戦争
一五世紀	1453	東ローマ帝国滅亡
一六世紀	1517	ルターの宗教改革はじまる（ドイツ）
	1562	ユグノー戦争（フランス）
一七世紀	1600	イギリス東インド会社設立
	1618	ドイツ三十年戦争
	1642	ピューリタン革命（イギリス）
	1652	英蘭《えいらん》戦争
	1688	名誉革命（イギリス）
一八世紀	1701	プロイセン王国成立
	1756	七年戦争（プロイセン・オーストリア）
		イギリス、産業革命はじまる

【中世哲学】

トマス・アクィナス（1225頃-1274）

→ドゥンス・スコトゥス（1266頃-1308）

オッカム（1285頃-1347頃）

ホッブズ（1588-1679）

デカルト（1596-1650）

【大陸合理論】

→スピノザ（1632-1677）

→ライプニッツ（1646-1716）

【イギリス経験論】

ロック（1632-1704）

ヒューム（1711-1776）

ルソー（1712-1778）

→**カント**（1724-1804）

年代	年	世界史
	1776	アメリカ独立宣言
	1789	フランス革命
一九世紀	1804	ナポレオン、皇帝になる
	1830	七月革命（フランス）
	1840	アヘン戦争（イギリス・清）
	1848	二月革命（フランス）
	1861	南北戦争（アメリカ）
	1868	明治維新（日本）
	1870	普仏戦争
	1871	ドイツ帝国成立
	1894	日清戦争
二〇世紀	1904	日露戦争
	1914	第一次世界大戦
	1917	ロシア革命
	1920	国際連盟成立

哲学者

【ドイツ観念論】
フィヒテ（1762-1814）
ヘーゲル（1770-1831）
シェリング（1775-1854）

【実存主義】
キルケゴール（1813-1855）
ニーチェ（1844-1900）

マルクス（1818-1883）

【プラグマティズム】
パース（1839-1914）
ジェイムズ（1842-1910）
デューイ（1859-1952）

フロイト（1856-1939）
ソシュール（1857-1913）

二一世紀

年	出来事
1923	関東大震災（日本）
1929	世界恐慌
1933	ナチス政権掌握（ドイツ）
1939	第二次世界大戦
1945	広島、長崎に原爆投下
	国際連合成立
1949	中華人民共和国成立
1950	朝鮮戦争
1960	ベトナム戦争
1962	キューバ危機
1966	文化大革命（中国）
1968	五月革命（フランス）
1989	ベルリンの壁崩壊（ドイツ）
1990	東西ドイツ統一
1991	ソビエト連邦解体
1993	EU 発足
2001	九・一一テロ事件（アメリカ）
2011	東日本大震災（日本）

フッサール（1859-1938）→ ハイデガー、サルトル、メルロ＝ポンティ、レヴィナス、アレント

ベルクソン（1859-1941）

ウィトゲンシュタイン（1889-1951）

【実存主義】
ハイデガー（1889-1976）
サルトル（1905-1980）
メルロ＝ポンティ（1908-1961）

レヴィナス（1906-1995）

アレント（1906-1975）

【構造主義】
ラカン（1901-1981）
レヴィ＝ストロース（1908-2009）

【ポスト構造主義】
ドゥルーズ（1925-1995）
フーコー（1926-1984）
デリダ（1930-2004）

この本の構成と使い方

この本では、哲学者・思想家とその文章を次の構成で示しました。

1．リード文

本文にスムーズに入り込むために、どのような点に着目したらいいのか、この本文の著者はどのような問題意識をもってこの文章を書いたのかを記しました。

2．本文

若い人たちに読んでもらいたい哲学者・思想家たちの文章から、その魅力を十分に味わえる部分を抜粋しました。

常用外漢字や欧文のルビは編集部で付しました。

3．解読

本文を、編著者が噛《か》み砕いて、より分かりやすく言い換えました。本文が分かりづらかったら、「解読」から読んでみたり、上段の本文と「解読」を照らし合わせながら読んでみましょう。自分の言葉で「解読」してみても面白いでしょう。

4．哲学の問い

本文に示された問題意識を、私たちの身近なところ、考えやすい視点から捉え直してみました。仲間とディスカッションをしてみたり、考えたこと、話し合ったことを文章に書き起こしてみたりしましょう。

5．解説ページ

［人と時代］ 哲学者・思想家についての簡単な伝記と、その哲学者・思想家が生きた時代を説明しました。

［思想］ 哲学者・思想家の思想のエッセンスをまとめました。

［本文解説］ 取り上げた本文について、どのようなことが書かれているのかを解説しました。

［未来への架け橋］ 哲学者・思想家たちの考えが、現代の私たちの社会や生活とどのような関わりがあるのか、今、私たちが彼らから学ぶべきことはどのようなことかということについて、編著者の考えを記しました。

◉哲学の問い……考えるヒント 「哲学の問い」にあえて「正答」は付けませんでした。ただし、こういう視点で考えてみてはどうか、というヒントを記しましたので、これを手がかりに、考えを深めてみましょう。

●読書案内 哲学者や思想家についてより知りたくなった読者のために、編著者からおすすめしたい本を挙げました。

・収録した哲学者・思想家のほかに、コラム「哲学の流れ」で、知っておいてほしい哲学者・思想家について触れました。

・執筆の担当については、巻末の「編著担当」「執筆者一覧」をご参照ください。

古代〜近代

イデア／プラトニック・ラブ

ここから「哲学」が始まる　恋愛の正しい道

プラトン［パイドン／饗宴］

ギリシャ哲学は世界の根本原因をどう説明できるか、という問いから出発した。「水や火がそうだ」とか「いや数にこそ原因が……」といった説が現れた。だがプラトンの答えはわれわれを驚かせる。「真善美こそ世界の根本原因だと考えよう」。これが彼の主張だった。

イデア

「ところが、あるとき、ある人がアナクサゴラスの書物――とかれは言っていたが――の中から読み聞かせて、万物を秩序づけ、万物の原因であるのは理性《ヌース》である、と言っているのを僕はきいた。僕はこの原因を喜んだ。理性が万物の原因であるということは、正しく理解されれば、すばらしいことだ、と僕には思われたのだ。そして、こう考えた。もしそうであれば、理性が秩序づけている以上は、理性はすべてのものを、全体としても個々のものとしても、それらが最善であるように位置づけているだろう、と。それ

◆解読

［主人公のソクラテスは、若者ケベスと、物事の根本の「原因」をどう考えればよいかについて、議論している。

ケベスの問いは、いったい世界のさまざまな事物の生成や消滅の根本の原因は何であるか、というものだが、これに対して、ソクラテスはいう。昔の賢人たちは、「自然研究」という仕方で、このさまざまな事情の根本「原因」の問題を考えてきたし、自分もこの問題をきわめて重要なものと考えて、ずいぶん長い間考え続けてきた。しかし、いま自分は、そういった人々の「原因」の考え方とは少し違った考えをもつにいたった……。

以下、作者プラトンによって語られる、ソクラテスの考えである。］

――この問題をあれこれ考えていたとき、ある人が、この世界の「根本原因」を、哲学者のアナクサゴラスが「理性《ヌース》（知性）」という言葉で示していると、教えてくれたことがある。自分はこの考えにとても強く共感した。

「理性《ヌース》（知性）」こそあらゆるものの原因であるという考えは、つまり、もしこの世界に根本

だから、もしだれかが各々の事物について、それがどのようにして生じ、滅び、存在するのか、そのことの原因を発見したいと望むならば、その当の事物がどのような仕方で存在したり、あるいは他のなんらかのことを蒙《こうむ》ったり為《な》したりするのがそのものにとって最善なのか、を、発見しなければならないのである。だから、この考え方からすると、人間自身についてにせよ他のなにごとかについてにせよ、なにが最上最善であるかを考察すること以外に、人間にとってふさわしいことは何ひとつない、ということになる。そして、それを考察した人は必ずや悪をもまた知っているにちがいない。なぜなら、善と悪とは同じ知識に属するのだから。

　このように考えながら、僕は、存在者の原因を僕の気持にかなった仕方で教えてくれる教師をアナクサゴラスのうちに発見したと思い、喜んだのだった。僕は思った。かれは、まず大地が平たいか円《まる》いかを僕に告げてくれるだろう。そして、それを告げてから、そのことの原因と必然性を詳しく説明してくれるだろう。そもそもより善いとはどういうことなのか、つまり、大地がこのような形であるのはより善いことであったのだ、と語ることによってね。また、もしも大地が宇宙の中心にあるのならば、そうであ

的な秩序を与えたある「理性《ヌース》（知性）」が存在するとすれば、この理性《ヌース》（知性）は、世界をただ偶然的なものとして創ったのではなく、世界がそうあるのが最も「善い」という秩序において創ったはずだ、という考えを可能にする。

　この考えはまた、世界の物事の生成や消滅の原因や結果ということも、たんに事実としていかに事物が存在しているのかではなく、どのような仕方でそれが存在するのが善いのか、という仕方で考えることを意味する。

　するとさらに、われわれ人間にとって最も重要なことは、世界のことがらについてもわれわれ自身の問題についても、何が最も善きことなのか、何がこの上なく大事なことであるのか、という問いではないか、と考えることができる。つまりそれは、当然、何が善であり何が悪なのか、という人間の価値の問題をもたらすのである。こうして私は、アナクサゴラスという人は、「原因」という問いを、はじめてそのような優れた仕方で考えたのだと思ったのだ。

　だとすると、彼は、例えば大地が丸いのか平らなのか、とか、地球がなぜ世界の中心にあるのか、といった問題を、そうあることが「最

ることが他のあり方よりもより善かったのだということを、かれは詳しく説明してくれるだろう。こうして、もしもアナクサゴラスがこれらのことを明らかにしてくれるなら、僕は他の種類の原因をけっして求めはすまい、と心に決めたのだった。(中略)なぜなら、これらのものが「理性」によってすっかり秩序づけられていると言う以上は、現在有るようにこれらのものが有ることが最善なのだ、ということ以外に、なにか別の原因をこれらのものにアナクサゴラスが与えようとは、僕は思ってもみなかったからである。そこで、これらのものの各々に原因を与え、また万物に共通の原因を与える際には、かれは各々のものにとって最善のものと万物に共通の善とを詳しく説明してくれるだろう、と僕は思った。僕はこの希望をどれほどの大金を積まれても放棄しはしなかっただろう。いや、僕は大急ぎでその書物を手に取り、できるだけ速くそれを読んだ。できるだけ速くもっとも善いものとより悪いものとを知るためにね。

　驚くべき希望の高みから、友よ、僕は墜落していった。というのは、読み進んでゆくにつれて僕が発見した男とは、「理性」を

善」だからだ、という仕方で答えを出し、そのことで、これまで人々があれこれ争っていたことがらの「原因」の問題にはっきりかたをつけてくれるだろうと、私は考えた。

　そして、もっと大事なのは、その考え方を通して、およそ人間や事物にとって何が「善」といえるものなのか、つまり「善」の本質が何であるのか、という問いにすぐれた答えを出してくれるはずである、そのように私は期待した。そこで私はもう大急ぎで彼の書物を読んでみた。

　しかしそれは私に大きなショックを与えるものだった。というのは、アナクサゴラスの主張は、これまでの人々の考えとたいして変わらないものだったからだ。つまり彼は「理性《ヌース》(知性)」という言葉を、いま私が述べたような意味ではなく、むしろ「空気」とか「アイテール」とか「水」といった愚にもつかないものと並べて、世界の「原因」の一つとしておいていたにすぎなかったのだ。

すこしも使用せず、もろもろの事物を秩序づけるために「理性」にいかなる原因をも帰さずに、かえって、空気とかアイテールとか水とかその他多くの見当違いなものを原因としていたからである。

出典：公刊年不詳。本文は『パイドン』岩波文庫（岩田《いわた》靖夫《やすお》訳）によった。

プラトニック・ラブ

さて（と彼女は語り始めた）、この日的に向って正しい道を進もうとする者は、若い時から美しい肉体の追求を始めねばなりません、それも、指導者の指導が宜《よろ》しきを得たならば、まず最初に一つの美しい肉体を愛し、またその中に美しい思想を産みつけなければなりません、次にはしかし彼は、いずれか一つの肉体の美はいずれか一つの他の肉体の美に対して姉妹関係を持っていること、また、姿の上の美を追求すべき時が来た場合、あらゆる肉体の美が同一不二《どういつふじ》であることを看取せぬのは愚の骨頂であることを彼は悟らねばならぬのです。が、またこの事を悟った以上は、その愛をあらゆる美しい肉体に及ぼし、そうしてある一人に対するあまり熱烈な情熱をばむしろ見下すべきもの、取るに足らぬものと見

［『饗宴』では、詩人アガトンが悲劇コンクールで優勝した祝宴を催すが、そこで出席したアテネの紳士たちがエロス神を賛美するスピーチを競い合う。ソクラテスが最後に登場して、かつてマネンテイアの智恵《ちえ》ある巫女《みこ》ディオティマから聞いた説として、以下の説を語る。

一つ心得ておくべきなのは、当時、ギリシャでは、若くて美しい青年への男性の恋愛感情が一般的に認められていたということ、つまり、ここでの「恋（エロース）」の議論は、すべてこの「青年愛」を前提にしているという点だ。］

さて、ディオティマは、「恋の正しい道」というものがある、という。

――人は誰でも、まずはじめは、美しい肉体に恋して憧れ、そのような肉体の持ち主に善き

て、これを冷ますようにせねばなりません。その次には彼は心霊上の美をば肉体上の美よりも価値の高いものと考えるようになることが必要です。またその結果彼は、心霊さえ立派であれば、たといあまり愛嬌《あいきょう》のない人でも、満足してこれを愛し、これがために心配し、青年を向上させるような言説を産み出しまた探し求めるようになるでしょう。こういう風にして彼はまた職業活動や制度のうちにも美を看取しまたこれらすべての美は互いに親類として結びついていることと、ひいてまた肉体上の美にはきわめて僅かの価値しかないことを認めるように余儀なくされねばなりません。そうして職業活動の次には、その指導者は学問的認識の方へ彼を導かねばならぬのです、それは彼が（中略）すでに観た沢山の美を顧みて、奴隷のように、一人の少年とか一人の人間とかまたは一つの職業活動とかに愛着して、ある個体の美に隷従し、その結果、みじめな狭量な人となるようなことがもはやなくなるためなのです、むしろそれとは反対に彼は今や美の大海に乗り出してこれを眺めながら、限りなき愛智心《フィロソフィア》から、多くの美しくかつ崇高な言説と思想とを産み出し、ついにはこれによって力を増しかつ成熟して、これから私が述べようとしているような美へ向う心（美しい思想）を与えようとする心持ちをもつ。これがエロースの第一歩です。しかし次に人は、容姿・身体の美しさというものはどれも似通ったものであること、また美しいものを愛で、慈しもうとする心は、特定の誰かに対するものとのみ限定される理由をもたない、ということを知らねばならない。さらに人は、人を愛するという経験を積むことで、肉体の美しさ以上に、精神（心ばえ）の美しさにこそより高い価値があることを、知るようになるのです。このことが理解されるなら、人は、容姿・肉体の美しさによる以上に、精神の美質によって相手を愛しく思い、その精神の向上のために配慮できるようになるでしょう。

　さて、ここまでくると、恋する者は、人々の行いのみならず、その営みや社会制度のありようのうちにも、美しさ、善さというものを認めるだけでなく、またこれらのすべてのことがらのうちに、ある共通する美的なものの本性といったものを感知してそれを重んじるようになります。そのことでまた、人は、目や感覚を喜ばせる容姿の美しさが、美を求める心にとってさほど重要ではなくなっていくことに気づくのである唯一無類の認識を観ずるまでになることが必要なのです。」
（中略）
「さて順序を追うて正しい仕方でさまざまの美しいものを観つつ、愛の道についてここまで教導を受けて来た者は、今やようやく愛の道の極致に近づくとき、突如として一種驚嘆すべき性質の美を観得するでしょう。それこそ、ソクラテス、今までのあらゆる労苦も皆そのためであったところの彼《あ》のものなのであります。まず第一に、それは常住に在るもの、生ずることもなく、滅することもなく、増すこともなく、減ずることもなく、次には、一方から見れば美しく、他方から見れば醜いというようなものでもなく、（中略）むしろ全然独立自存しつつ永久に独特無二の姿を保てる美そのものとして彼の前に現われるでありましょう、ところが他の一切の美はこれとは反対に、自らは生じたり滅したりするのに、美そのものはそれがために寸毫《すんごう》も増さず減ぜず、またなんらの変化をも受けぬ、そういう仕方で美そのものに与かる。そこでもし人がこれら地上のものから出発して少年愛の正しい道を通って上昇しつつ、あの美を観じ始めたならば、彼はもうほとんど最後の目的に手が届いたといってもよい。なぜといって独力でもしくはす。

　若者を恋しまた彼を指導する者は、こうして、若者の関心が、特定の美しいものに固執することで、それに隷従してしまうことがないように、また徐々により本質的な意味での「美しいもの」へと心を向けるように配慮しなければなりません。つまり、若者に恋する者の大事な役割は、若者をして、単なる個別の美しいものから、美しい営みや、美しいものについての深い知識や認識へと導くこと、そしてそのことへの「愛智心《フィロソフィア》」（哲学の心）を育むことにあるのです。

　こうして恋《エロース》の正しい道すじをあゆんできた者は、ついにその最後の道程にいたります。すなわち彼は、われわれの恋の真の対象が、美の本体、つまり「美のイデア」だったことを理解するのです。「美のイデア」とは、時と場合によって変化したり、またわれわれの状況や気分のありようなどでそのつどその姿を変えるような、個々の美しいものではなく、つねにその本質を変えることのない「美の本質」それ自体です。

　このとき人は、われわれがこの世に生まれ落ちて、なぜ、そのつど美しい肉体、さまざまな他の誘導によって愛の奥義に到《いた》る正しい道とは次のようなものであるからです。それはすなわち地上の個々の美しきものから出発して、かの最高美を目指して絶えずいよいよ高く昇り行くこと、ちょうど梯子《はしご》の階段を昇るようにし、一つの美しき肉体から二つのへ、二つのからあらゆる美しき肉体へ、美しき肉体から美しき職業活動へ、次には美しき職業活動から美しき学問へと進み、さらにそれらの学問から出発してついにはかの美そのものの学問に外ならぬ学問に到達して、結局美の本質を認識するまでになることを意味する。」

「生がここまで到達してこそ、親愛なソクラテスよ（中略）、美そのものを観《み》るに至ってこそ、人生は生き甲斐《がい》があるのです、（中略）。」

出典：公刊年不詳。本文は『饗宴』岩波文庫（久保勉《くぼまさる》訳）によった。

●哲学の問い…………「人は何のために生きるか」という問いを立てるとさまざまな答えが出てくる。そこから「共通点」が取り出せるかどうかを考えてみよう。

美しい事物に心引かれるのか、またなぜ美しいものへの愛好が、さらに美しい心ばえ、美しい人間の営み、さらに美しいものについての認識、といったものへと育ってゆくのか、その深い理由を知ることになります。そして、この境地に至ることによって、われわれ人間は、生の確かな意味をうることになるのです——。

プラトンについて　前四二八／四二七―三四八／三四七

［人と時代］善く生きるためにこそ、知を愛せよ

ギリシャの二大都市、アテナイとスパルタが雌雄を決するペロポネソス戦争が始まって四年後、紀元前四二七年頃にプラトンは生まれた。場所はギリシャ、アテナイの周辺地域、アッティカの沖合にあるアイギナ島である。両親は、共に貴族の家柄で、プラトンは相応の教育を受け、やがて国事にたずさわる政治家を志すようになる。

プラトンを語る上で欠かせないのが、ソクラテスだ。彼は、「ソフィスト」や彼等に影響を受けた青年相手に、「対話法」を用いて「無知の知」の自覚を促して歩いた人だ。「ソフィスト」とは、ギリシャの中心として繁栄したアテナイに、ギリシャ各地から訪れ活躍した職業的教育者たちだ。世界の新しい知識や生活の処方、議論に勝つための弁論術等を青年たちに教えて教授料を取っていた。だが、ソクラテスから見ればそれは、単なる知識の切り売り、処世術とその場しのぎで何とでも言って切り抜ける雄弁術の伝授にすぎなかった。彼はソフィストの知的活動に対する辛辣な批判者として登場したのだ。プラトンは二〇歳のとき、ソクラテスの姿を目の当たりにして、そこにまったく新しい思想と生き方を感じ取り激しく魅《ひ》かれたのである。

しかし、ペロポネソス戦争でアテナイが無条件降伏した後の政治的混乱（三〇人独裁政権による恐怖政治）に加え、ソクラテスが、民主派の指導者アニュトスらに謀られ裁判にかけられて死刑になるという大事件が起こる。プラトン二八歳のときのこと。言葉にできないほどの衝撃を受けたという。彼は政治家になる夢を捨て、師の意志を継ぐように、ひとが善く生きるために必要な知のあり方を探求する道を歩き始める。

以後、キュレネ、エジプト、フェニキアなどの地中海諸国を旅しつつ、書物を残さなかった師ソクラテスの姿を、対話編の形で著しつつ自身の哲学を深めていく。そして四〇歳のときアテナイに、研究と教育機関としての学園〈アカデメイア〉を創設する。

また、愛弟子ディオンに熱望されて、専制君主ディオニュシオス一世と二世への哲学教育を行おうとしたのだがうまくいかなかった。八〇歳で亡くなるまで哲学探求と教育への情熱は衰えなかった。

［思想］「イデアのイデア」とは何か？

プラトンが「イデア説」を唱えたのはよく知られているが、この意味を本質的に理解することは、そう簡単ではない。というのも、ふつう「イデア説」という言葉で理解されているものは、われわれの場所からはずいぶん奇妙な説で、そのまま受け取ったのでは、プラトンの真意はほとんど理解できないからだ。

一般には、「イデア説」とは、あらゆるものごとには、それらが、それに与《あずか》って、つまりそのおかげで存在している、その「本体」あるいは「本質」が実在する、という説とされる。例えば、われわれが使うどんな器物や道具も、そのはじめのアイデアideaや設計図をもつように、プラトンによると、この世のあらゆる存在にはその「イデアidea」がある。リンゴや犬のイデア、人間のイデア、勇気のイデア、三角形のイデア、などである。

こう書くと、なんだ、それなら、人間の本質、勇気の本質、三角形の本質といえばいいじゃないか、と思った人はなかなか鋭い。ただ、プラトンの説明では、「イデア」は、われわれには知りえないはるかな天上界に存在しているとされる。そこで、イデア説はものごとの「本質」がどこかに実在しているという、古い「本質実在説」であるという批判も多い。

しかし、どんな時代にもその時代の一般的な世界像というものがある。だから哲学や思想を読むときには、その時代の世界像を、われわれの基準で評価しても仕方がない。

その後ろに隠されている哲学者の思想をできるだけ深く汲《く》むことが大事なのだ。

さて、プラトンのイデア論で大事なのは、さまざまな「イデア」があるけれど、いちばん重要なイデア、つまり「イデアのイデア」が存在するということだ。これは「善のイデア」といわれる。

ヨーロッパ文化では、一般に、「真理」という概念がとても重要とされてきた。これは唯一絶対神であるキリスト教文化がその中心だったことと関係がある。唯一の神は世界の創造者なので、とうぜん神は世界の「真理」を知っている。さらに、ヨーロッパの科学は、世界を真に正しく認識できる方法と信じられてきたからだ。

しかし、プラトンの「イデア」は少し違う。プラトンの「イデア」にも、「美のイデア」と「真知のイデア」(正しい認識のイデア)があるが、最も大事な「イデアのイデア」は、「善のイデア」なのである。これはプラトンが、世界の正しい認識ということより、人間的な「価値」の本質を求めることが哲学のいちばん重要なテーマである、と考えていたことをよく示している。

[本文解説]「**哲学」が求めるもの、それは……**

【パイドン】「パイドン」は、「クリトン」などとともに、死刑の判決を受けたソクラテスとその教えを聞く弟子たちの様子を描いたもので、ソクラテスの思想をよく表現したものとされ、「魂の不死」「永遠の真実在としてのイデア」についての教説が説かれている。テクストは、ソクラテスが、ギリシャの哲学者たちによるさまざまな「原理《アルケー》」探しから、大きく発想を転換して、「真善美」の探究こそが、人間にとって、そして哲学にとって本質的なテーマであることを説くくだりである。

　ギリシャ哲学は、「万物の原理は水である」と説いたミレトスのタレスから始まるとされる。その後ギリシャ哲学は、何が世界についての原理《アルケー》であるかという問いを中心にめぐり、多くの哲学者たちがさまざまな説を立てた。ピュタゴラスの「数」、ヘラクレイトスの「火」、デモクリトスの「アトム」、アナクサゴラスの「理性《ヌース》」などなど。

　しかし、ここでソクラテスは、それらの古い「原理」の考えを大きく転換している。例えば、タレスの「水」やデモクリトスの「アトム」説は、自然世界を作り上げる最も小さな「単位」を想定する考えであり、現在の科学の考えの基礎であるという点できわめて重要である。しかし、ここでソクラテスが示しているのは、むしろ「真善美」という人間的価値の探究こそ、哲学の本来のテーマである、という考えである。そしてこれがプラトン、アリストテレスへとつづくギリシャ哲学の新しい方向転換となった。

【饗宴】　ここでプラトンがソクラテスに語らせた「恋愛の正しい道」は、いわゆる「プラトニック・ラブ」、つまりエロス的愛に対する精神的な愛の優位、という観念の出所である。しかし、ここでプラトンが示している「恋愛観」は、そういう一般的な説とはかなり違っていることに注意しないといけない。

　ここでいう「恋愛の正しい道」とは、われわれがそれに引きつけられる諸対象のことだ。それは、「ある美しい肉体」→「全ての美しい肉体」→「精神上の美質」→「さまざまな美しい営み」→「美のイデアへの愛」へとたどっていくものとされている。その意味は何だろうか。

　若い人は誰でもはじめは、誰かのステキな容姿に引かれて恋をする。しかしそのうち、自分を引きつけるのは、姿かたちの美しさ一般であることを自覚するだろう。そしてやがて、「人間の美質」というもののよさを知りそれにさらに引かれるようになる。さらにわれわれは、そういう経験の中で、およそ人間の美しい営みを愛好する気持ちを育てるし、もっと進んで「美の本質」が何であるかを考えるようになる……。これがソクラテスのいうところだ。

ポイントを整理すると、以下のようになる。

1．肉体の愛（エロース）はダメで、精神の愛がよい、というのではなく、美に引きつけられる人間の感受性は、必ずより本質的な「美」を深く味わうようなものへ育ってゆく本性がある。

2．人間の美的感受性が、より本質的な美の対象を見出《みいだ》してゆくその根拠は、われわれの中の「善きもの」を求める心にある。

「饗宴」は、「善」と「美」についての独自の深い考察を示す、プラトン哲学の代表作の一つである。ぜひ全体を読んでみよう。

［未来への架け橋］「生きることの意味や価値」を問う

哲学者プラトンの最大の功績は、哲学を、単に「世界とは何か」という問いから、「人間が生きることの意味、理由、価値」の問いへと置き換えた点にある。この視線はいうまでもなく、師のソクラテスから受け継がれたものだ。

近代哲学は、それまでの世界の一切を説明していたキリスト教の世界像を打ち倒して、世界と人間についてまったく新しい考え方を立て直そうとした。その途上で、自然世界についてはこれを自然科学にゆずり、社会と人間の問いに専念する道に向かった。

しかし、古典的なギリシャ社会にくらべると、近代社会ははるかに複雑である。人々が求める「善」や「幸福」はきわめて多様になり、また絶えず変化するものとなった。このことから、「人間が生きることの意味や価値」を問う方法は、社会の問いと深い関係をもたざるをえなくなる。ここから、「人間の問い」も、必然的に、より複雑で大きな課題をもつことになったのだ。

それにしても、プラトン哲学は、「生きることの意味や価値」を問う、最も基本的な視点と方法をはじめて確立した哲学だといえる。哲学のこの課題は、現代人にとってますます重要性を増している。われわれは、いまこそ、プラトンの方法をもういちど深く捉えなおすべき理由をもっている。

◉哲学の問い……考えるヒント　「何のために生きるか」という問いに対する答えはおそらく人によって大きく違う。しかしそこから、皆が納得できる共通点（本質）を取り出すことができるかを試すのが、有名な対話法（ディアレクティーク）だ。いろんな問いを試してみると、考え方のよい練習になる。

●読書案内　『プラトン入門』竹田青嗣（ちくま新書）

最高善

人生の最も大事な目的とは

アリストテレス［ニコマコス倫理学］

誰もが幸福になりたいと思う。でも「幸福って何だ」と問うと、誰もうまく答えられない。アリストテレスはこの問いに挑戦した。

およそ善は三様に分たれる。すなわち、いわゆる外的な善と、魂に関する、および身体に関する善が存在するが、ひとびとは魂に関しての善を目してそれが最もすぐれた意味における善、他のいずれにもまさる善であるとなしている。魂に関する善として考えられるものは、しかるに、魂のはたらきとか活動とかのほかにはない。だからして、さきのわれわれの規定は、まさしくこの古くから存しまた哲学者たちの支持を有するところの見解から見て妥当でなくてはならない。また、何らかのはたらきとか活動とかが究極目的であるとする点において、すでにわれわれの規定はただしい。なぜなら、こんなふうにいわれた場合、それは魂に関する善に属することになって、外的な善には属しないことになるからである。

◆解読

「善」は三つに分けることができる。まず「外的な善」（楽しみなど）、次に「魂の善」、そして「身体の善」（健康）である。

ふつう人々は、「魂の善」を、三つのうち最も重要なものだと見なしているが、「魂の善」とは何かというと、それは魂がよく「はたらいていること」（活動）だというほかはない。

前にわれわれは、人間の善を、人間の卓越性（＝徳）についての魂の活動であると規定したが、魂の善こそ最も重要であるという考えは、古来の哲学者たちの見解にもかなうし、最も善きものが人間の究極的な目的である、というわれわれの考えにも一致する。またそのことで、人間の善を、はっきりと魂の善として示すことができる。

また、幸福な人間とはよく生き、よく行為する人のことだ、という見解も、幸福を善き生活、善き行いと定義したわれわれの考えと一致している。

ある人々は、幸福とは「徳」（卓越性）だと考える。しかし、幸福とは、さまざまなよいまた、われわれの規定に対しては、幸福なひととはよく生きているひと、よくやっているひとを意味する、という考えも適合する。幸福はよき生、よき働きというほどのものとして規定されたのだからである。（中略）

或《あ》るひとびとは幸福とは卓越性（アレテー）ないしは徳でなくてはならないと考え、或るひとびとは知慮を、他のひとびとは何らかの智慧《ちえ》を「幸福」と考えるのであり、さらに或るひとびとは、これらにまたはこれらのいずれかに快楽が伴い、ないしは快楽が欠けていないのを「幸福」だと考えており、他のひとびとは外的な好条件（エウエテーリア）というものをさえこれに付け加えている。これらの見解は或《ある》いは古来の大多数のひとびとの、或いは少数の名だたるひとびとの見解であって、前者にしても後者にしても、こういったひとびとの見解が全体的に誤っているとは考えられないのであって、むしろ、少なくとも或る点においては、もしくは大部分の点においてさえも、これらの見解はただしい見解だと考えるのが妥当であろう。

いま、卓越性《アレテー》が、もしくは或る卓越性が、幸福にほかならないと主張するひとびとに対してわれわれの規定は適合している。卓越性に基づく活動は卓越性に属するものなのだから。ただ、最高

「智恵《ちえ》」wisdomをもつことだと考える人もおり、また何らかの哲学的叡智《えいち》をもつことだと考える人もいる。さらに、幸福であるには、これに「快楽」がともなうべきとか、外的な裕福さも必要だと主張する人もいる。

これらは、多くの人々の古来からの「幸福」についての見解だから、それが多様だからといって、このうちのどれかはまったく誤っている、と考えるより、それぞれの考えに一定の理があると考えるのがよいだろう。

ともあれ、特定の「徳」（卓越性）に幸福があるという人も、徳一般にこそ幸福があるという人の考えも、われわれの考えと大きく対立しているわけではない。どのような徳であれ、徳の活動にこそ徳の本質がある、というのがわれわれの考えだからだ。

しかし、「最高善」（最も善きこと）についていうと、その本質がそれをもっていることにあるのか使っている状態にあるのか、つまりそれが「状態《ヘクシス》」としてあるのか、「活動《エネルゲイア》」としてあるのかの違いが重要である。

例えば、徳（卓越性）をもつとされる人でも、何かの事情で（病気など）活動できないときに

善を解してそれは所有にあるとするのとその使用にあるとするのとの差異、状態《ヘクシス》と解するのとその活動《エネルゲイア》と解するのとの差異は、おもうに僅少ではない。というのは、卓越性《アレテー》という「状態」はそれが存在していながら少しも善を結果しないことも可能であるが――たとえば眠っている場合とかその他何らかの仕方でひとがそれを働かせなかった場合のごとき――、活動はこれに反してそういったふうではありえないものだからである。（中略）

たとえば馬の好きなひとにとっては馬が、芝居好きのひとにとっては観劇が快適なのであり、それと同様に、正しい行為は正義を愛するひとにとって、また総じて卓越性《アレテー》に基づく働きは卓越性《アレテー》を愛するひとにとって快適である。多くのひとびとの場合にあっては種々の快適なものが互いに相剋《そうこく》するのであるが、それはこれらが本性的に快適なものではないことに基づく。だが、うるわしきことがらを愛するひとびとにとっては「本性的に快適であるもの」が快適なのであり、卓越性《アレテー》に即しての行為は、しかるに、まさしくかかるものなのであって、したがってそれは、このようなひとびとにとって快適であるとともに、またそれ自身快適なことがらでもある。だから、これらのひとびとの生活はその上にいわばお添えもののようなものとしての快楽を全く必要とせず、それ

は、何の役にも立たないことがありうる。なんといっても徳は、それがじっさいに活動している状態にあってはじめて意味をもつのだ。

さて、「快適」についていえば、例えば馬好きの人にとっては馬が、また芝居好きの人には、劇を観ることが大きな喜び（快適）である。つまりここでは、特定の「徳」（例えば劇について優れた知恵があること）が活動的な状態にある。これと同じく、「正義」を愛する人にとっては、「正しい行い」をすることが「喜び」である。

このように、特定の「徳」を愛する人にとって、自分の愛する「徳」を行うこと、それが活動的な状態にあることが「快適」なのだ。だがこのことは、異なった「徳」を愛する人々の間では、何が「快適」であるかが食い違う、ということでもある。そしてこれは、個々の「徳」が、あくまで個別の快適なものにすぎず、〝本性的に快適であるもの〟ではないことを意味する。

しかし、「うるわしきことがら」（高貴なこと）を愛する人には、その喜び（快適）は、〝本性的に快適であるもの〟だといわねばならない。同じことが「徳」（卓越性）についてもいえる。

自身のうちに快楽を含んでいる。（中略）もし以上のごとくであるとするならば、卓越性《アレテー》に即しての働きというものはそれ自身快適なものでなくてはならない。それでいて、しかし、それはまた善美なるものなのであり、それも最高の仕方において、そのそれぞれがかかるものたるを失わないのである。すぐれたひとの快適なものについての判断が妥当であるかぎりは——。だが彼の判断は上述の通りである。かくて、幸福は最も善く最もうるわしく最も快適なものであり、これらの条件は、かのデロスにおける銘のいうごとく別々に離れてあるのではない。——

最もうるわしきは他にすぐれて正しきこと
最善なるは健かであること
最も快《たの》しきは、みずからの
愛するものを首尾よく獲得すること

出典：公刊年不詳。本文は『ニコマコス倫理学（上）』岩波文庫（高田《たかだ》三郎《さぶろう》訳）によった。

◉哲学の問い…………　アリストテレスの「善」の三要素は「快適」「魂のよさ」「健康」。同じように「悪」の要素が挙げられるか考えてみよう。

「徳」それ自体を愛する人々にとっては、〝本性的に徳である〟ような行為が喜ばしいものとなるのだ。だから、そのような人々には、付加的な快楽などなくても、生活自体が喜びに満ちたものとなるだろう。

だとすれば、有徳な行いとは、それ自体で「快適なもの」であるといえる。しかもそれは、最高の形での「善美なるもの」でもあるだろう。このことこそが何が「快適」であるかについての、真にすぐれた人々の判断なのである。

こうして、真の「幸福」とは、最も「善く」かつ「うるわしきもの」（高貴なもの）を愛することのうちにある。またこの「善きもの」と「うるわしきもの」は、あのデロス島の銘で歌われているように決して切り離しえないものなのだ。

——最も高貴なものは、正しいこと。最も善きことは、健康であること。そして最も喜ばしきは、愛するものをかちとること。

アリストテレスについて　前三八四―三二二

［人と時代］師プラトンを越えようとした「万学の祖」

アリストテレスは紀元前三八四年、ギリシャのトラキア地方にあるスタゲイロスという街で生まれた。父親はマケドニア王室の医師であったが、母親と共に早逝している。両親を早くに亡くした少年は、伯父に引きとられる形でアテネにのぼり、そして一七歳の若さでプラトンが開いた学校であるアカデメイアに入学することになる。

以後二十年間、アリストテレスはアカデメイアにとどまり続けた。アリストテレスの学内での評判として、「派手な衣服をまとい、指輪をはめ、髪は短く刈りこんでいた」というものがある。スタイリッシュな若手学者という人物像を読み取ることができる。また、その出で立ちから、弟子の間でもひときわ目立った存在だったこともうかがえる。「学園の心臓」とも呼ばれ、早くから頭角を現し、周囲からは天才と目されていたようだ。大変な勉強家であり、その知識は哲学以外にも、政治学、心理学、文学から天文学や生物学におよぶまで実に幅広く、「万学の祖」とも言われている。後にギリシャを支配し、空前の大帝国を作り上げることになるアレクサンダー大王の家庭教師だったこともよく知られている。

彼はプラトンの死と時を同じくしてアカデメイアを去っている。去った理由として有名な説が二つある。一つは、プラトンの死後、アカデメイアの次期学長を決める学内選挙で、プラトンの甥であるスペウシッポスに負けたことがきっかけというもの。もう一つは、プラトンがまだ生きているときに、プラトンの学説に反対し、見切りをつけて出て行ったというものである。

真偽は定かではないが、プラトンの言葉として「クセノクラテス（アカデメイア第三代学頭）には拍車が必要だが、アリストテレスには手綱が必要である」とか、「アリストテレスは、まるで仔馬《こうま》が生みの母親をそうするように、私を蹴飛ばして行ってしまった」といったものが伝えられている。師匠プラトンを越えようとして自分の学を育てて行くアリストテレスの姿が浮かび上がってくる。

師匠越えの集大成として、紀元前三三五年、彼はアテネに自らの学園である「リュケイオン」を創設する。それはアカデメイアをしのぐほどの規模であった。やがて紀元前三二三年、不敬罪でアテネを追放され、翌年に没するまでの十二年という時間を、自らの思索と著述に費やした。現在われわれが読むことのできる著作のほとんどは、リュケイオンにおいて著されたものである。

［思想］世界の根本原理を整理

アリストテレスは一八歳の頃、アテナイにきてプラトンの弟子になり、以後二十年近く彼のもとで学んだ。しかし早くから独自の考えを示し、徐々にプラトンのイデア説を批判するようになる。プラトンも大人だったので、深刻な衝突にはならなかったようだが、この才ある弟子に多少てこずったようだ。

両者の違いは、一人は深い直観と詩的才能にあふれた希《け》有《う》なる哲人、もう一人は、明晰《めいせき》できわめて鋭い知性と、人間生活の現実に対するバランスのとれた智恵《ちえ》を兼ね備えた大学者、といえる。つまり典型的な文系と理系というタイプの違いだ。

ギリシャ哲学は、ソクラテスを入れた三人の以前に、すでに多くの優れた哲学者がいて、前ソクラテス時代と呼ばれている。哲学には、それぞれの時代で「中心テーマ」（最も大事な問い）というものがある。前ソクラテス期のギリシャ哲学での中心テーマは、「世界の原理は何か」という問いだった。

タレス以後、いろんな哲学者が、何が世界の「原理」かについて、さまざまな説を立てた。ピュタゴラスの「数」、ヘラクレイトスの「火」、デモクリトスの「アトム」……。

さて、ソクラテスと弟子のプラトンの答えは「イデア」である。プラトンの解説でも触れたが、「イデア」説の最も中心にあるのは、「真」「善」「美」といった、「価値」の根本本質である。つまりソクラテス、プラトンは、哲学の問いを、自然の存在についての問いから、人間の存在への問いへと、大きく転換したのだ。

ところでプラトンは、自分の「イデア」説を展開するにあたって、こういう人間的価値の問題はとても精妙なことなので、これまでの哲学の言葉ではうまく表現できない、そこで自分はこれを比喩や物語の形を借りて示そうと思う、といっている。実際プラトンでは、人間の魂が天上界と地上界を回帰する説とか、二頭の暴れ馬に引かれる恋の馬車の話などが説かれる。「洞窟の比喩」は、イデア説の説明としてとくに有名だ。しかし、比喩や物語はさまざまな解釈を許す性格をもっているから、イデア説はかえってなかなか分かりにくいのである。

師匠プラトンのこの書き方は、アリストテレスにはどうも腑《ふ》に落ちなかった。彼は、イデア説をもう少し誰にでも理解できるような仕方で捉え直そうとした。それだけでなく、これまでのギリシャ哲学の諸説を、すべて統合して合理的に説明し直そうとした。そういう徹底した合理性がアリストテレスの持ち味である。

　ギリシャの哲学者たちは、世界の根本原理（原因）として、さまざまな説を立てた。水、火、アトム、理性《ヌース》、「愛と憎」、根《リゾマータ》、イデアなどなど。アリストテレスは、これらを統合して、最も妥当と思える根本原因説に再整理した。それが、すべての原因を、質料因、形相因、動因、目的因に整理した、有名な「四因説」である。

　こういった再整理の作業によって、アリストテレスは哲学を、いわば賢者の深い智恵から、どんな人でも学べる「知識の体系」に編み直した。このことで彼は、ヨーロッパの「学問」の生みの親と呼ぶにふさわしい哲学者となった。

［本文解説］人間の「目的性」の理想形態

［思想］で書いたように、アリストテレスは、プラトンの「イデア説」を自分なりに再構成した。それがここで出てくる「最高善」の概念である。

　ここでのアリストテレスの説を要約してみよう。「よいこと」（善）は、大きく三つの要素がある。「快適・楽しみ」「魂が優れていること」「健康」。この前提の上で、何が最もよき善（最高善）かを考えてみる。何が最も「幸福」かと問うと、人が何を好むかによって答えが分かれる。これは当然のことだから、このうちのどれかが正しいと考えないようにしよう。ただここで一致できる考えは、それが何であれ、「徳」は「活動」している状態になければ意味がないという点である。

　つぎに、何が「快適」かについて考えてみよう。馬を愛する人は、馬を見たり乗ったりするとき快適を感じる。「正義」を愛する人は、「正しい行い」をしているとき幸福と感じる。これが意味しているのは、個々の愛好するものの対象自体が、快適であることの本質ではない、ということだ。しかし、ある人間が、「うるわしきこと＝美」あるいは「徳」自身を愛しているなら、彼らは、何か特定の愛好の対象をもたなくても、つねに「快適」（幸福）に生きていることになる。したがって、人間の真の幸福は、最も「善く」（徳をもち）かつ「うるわしきもの」（美しいこと）を愛することのうちにある。そしてこれがアリストテレスの「最高善」、幸福と徳が一致する状態を意味している。

　アリストテレスは、こんなふうに、プラトンの「イデア説」を、誰にも分かりやすく言い換えた。例えば、アリストテレスはこう考える。人が生活するかぎり、いつでもそのつどさまざまな「目標」や「目的」が現れる。またこの目標や目的に応じて、そのつどの「よい、悪い」が出てくる。遠足の前日に雨の予報は「悪い」ことだし、明日試験なら、テレビが壊れて見られなくなったのは「よい」ことだ。要するに、誰でも生活の中でさまざまな目的を見出《みいだ》すから、それがさまざまな「よい」の根拠になっているのである。

さて、もし人生に最も重要な目的があるとすれば、それがわれわれの「善」の究極的な根拠だといえる。それをプラトンは「善のイデア」と呼んだのだ。だから、「太陽の比喩」のような分かりにくいいい方ではなくて、「最高善」、つまり人間が生活の中でもつ「目的性」の理想形態と考えれば、とてもはっきりする。なるほど、その通りだ。

しかし、ではプラトンは弟子のアリストテレスに〝整理〟されてしまったのかというと、そうはいえないところが面白い。アリストテレスの功績がとても大きかったことは疑えないが、それでも、プラトンには、アリストテレスによってどうしても超えられない独自の哲学があることを、多くの人が認めている。

［未来への架け橋］ロマン主義へのブレーキ

アリストテレスはヨーロッパにおける学問の始祖と評されるが、愛智《フィロソフィー》としての哲学という点では、プラトンとソクラテスに人気が集まる傾向が強い。いわばプラトンの哲学は思想に近く、アリストテレスの哲学は学問に近いのだ。

例えばプラトンは国家について「哲学者王」というよく知られた考えを示した。プラトンは、当時のアテネの人々が、経済的な繁栄によって人間本来の徳を失っているという強い批判をもっていた。これはわれわれが、現在の資本主義をみて、人間の我欲が世の中を蝕《むしば》んでいるという感覚をもつのと似ている。そこで彼は、人間の魂の本質を知る哲学者が人々の生き方を善導すべきであると考えたのだ。

しかしアリストテレスはこの考えに反対して、国家は、人の魂を善導する場所ではなく、各人がそれぞれの仕方で自分の生を楽しんでよい場所だという考えを対置した。優れた思想はしばしば強いロマン主義を含むが、アリストテレスの哲学は、それに対する適切なブレーキもまた重要であることをよく教えてくれる。

◉哲学の問い……考えるヒント　哲学では、しばしばことがらの「本質」を、いくつかの要素（「契機」と呼ぶ）として挙げるという方法をとる。ぼんやりしていたものが明確になるし、共有されやすい。皆でやるとそう簡単に一致しないが、そこから一致点を見出すのが大事な課題だ。

●読書案内　『アリストテレス入門』山口義久《やまぐちよしひさ》（ちくま新書）

中世哲学

アウグスティヌス（三五四－四三〇）　トマス・アクィナス（一二二五頃－一二七四）
ドゥンス・スコトゥス（一二六五／六六－一三〇八）　オッカム（一二八五頃－一三四七／九）

大好きな人、惚《ほ》れ込んだ人がいるとき、自分も世界もその人のためにある。愛する人はすべての中心で、絶対的だ。中世の哲学者たちの神への愛はそんな、私たちが誰かに抱く純粋でまっすぐな思いとどこか似ている。

アウグスティヌスは神に対して謙虚だ。誰もが自分自身をみつめ、自分の小ささ、弱さ、罪深さを徹底的に自覚すること、その上で、自分には到底及ばない大きな存在である神を愛することを訴える。人間の意志は間違った方向に向かう。だからこそ、完全な存在である神に導かれることが大切なのだ。

神は絶対的な存在だ。だから「神について言葉で言い表すことは決してできない」という考えも出てくる（「否定神学」）。しかし、神と人とがこうも隔てられると、人間が考え知る営み、すなわち理性のはたらきは信仰の前ではまったく無意味のように思えてくる。

そこでトマス・アクィナスが重要な役割を果たした。誰もがよく考えれば「あらゆるものを在らしめている存在」、つまり「神」があることが分かる、としたのだ。もっとも、神をほんとうに知ることができるのは天国に行ってからだ。けれども人間は、生きている間でも、自分の知でもって神のような存在を認識でき、自分の意志でもって神に向かって生きていける。神と人間との距離、愛の距離はここで少しだけ縮められたのだ。

しかし、哲学は愛する神からなにかを奪うように進む。これが「普遍論争」だ。「普遍」とは、「人間」や「動物」といった、複数の存在に共通する枠組みのことだ。アクィナスは、神のもとに「普遍」があって、それをもとに個々の存在が創造されたとした（「実在論」）。しかし、ドゥンス・スコトゥスは、「普遍」は神ではなく個々の存在のなかにあるとした。オッカムは、あるのは個々の存在だけで「普遍」はそこから人間が作り上げた抽象にすぎないとした（「唯名論」）。

スコトゥスやオッカムは神を信じていた。だがこの進み行きは「神から人間へ」という近代哲学の歩みを予感させる。

これはまた、愛する人こそすべて、という情熱的な恋愛から醒《さ》め、我にかえる私たちのあり方とどこか似ている。

万人の万人に対する戦争

戦争のない世界を作りたい

ホッブズ［リヴァイアサン］

人類の歴史は戦争の歴史だった。戦争はなぜ起こるのか。そして戦争をなくすための根本的方法はあるのか。ホッブズは、この問題を哲学の主題として追いつめ、誰も見つけられなかった決定的な答えを示してみせた。

《人びとは生まれながら平等である》自然は人びとを、心身の諸能力において平等につくったのであり、その程度は、ある人が他の人よりも肉体においてあきらかにつよいとか、精神のうごきがはやいとかいうことが、ときどきみられるにしても、すべてをいっしょにして考えれば、人と人とのちがいは、ある人がそのちがいにもとづいて、他人がかれと同様には主張してはならないような便益を、主張できるほど顕著なものではない、というほどなのである。すなわち、肉体のつよさについていえば、もっとも弱いものでも、ひそかなたくらみにより、あるいはかれ自身とおなじ

◆解読

人間どうしには、ときに、他を圧して図抜けた力をもつ者もいる。しかし、一般的にいえば、生来の「身体能力」として人間の間には決定的な差があるわけではない。だから、まず人間が欲望するものはたいてい似たようなものだし、また、弱い者でも誰かと共謀するなら、自分よりはるかに強い相手でも倒せる可能性をもっている。

人間が皆このどんぐりの背比べ状態であることが、ある意味で、万人に欲望の実現についての平等な希望を与えている。もしあるとき二人の人間が、生存の維持あるいは快楽のために、何か同じものを欲したとすると、彼らは、互いに危険な敵となりうる。

例えば、人が作物を収穫したり快適な住まいを建てたりして、それを財として所有すると、他の人間が、仲間をたのんで実力（＝暴力）に訴えその財を奪おうとするかもしれない。だが、このことは、そうして他人から略奪した者もまた、同じ目にあう可能性をもつということだ。こうした事情が、人間社会に生じている絶え間

危険にさらされている他の人びととの共謀によって、もっとも強いものをころすだけの、つよさをもつのである。（中略）
《平等から不信が生じる》能力のこの平等から、われわれの目的を達成することについての、希望の平等が生じる。したがって、もしだれかふたりが同一のものごとを意欲し、それにもかかわらず、ふたりがともにそれを享受することができないとすると、かれらはたがいに敵となる。そして、かれらの目的（それは主としてかれら自身の保存 conservation《コンサーヴェイション》であり、ときにはかれらの歓楽 de《デ》-lectation《レクテイション》だけである）への途上において、たがいに相手をほろぼすか屈服させるかしようと努力する。こうしてそこから、つぎのようなことが生じる。すなわち、侵入者が、ひとりの他人の単独の力以上には、おそれるべきものをもたないところでは、ある人が植えつけ、種子をまき、快適な住居を建築または占有すると、他の人びとが合同した力をもってやってきて、かれを追いだし、かれの労働の果実だけでなく、かれの生命または自由をも、うばいとることが、おそらく予想されるだろう。そして、その侵入者は、さらに別の侵入者による、同様な危険にさらされるのである。
《不信から戦争が生じる》この相互不信から自己を安全にしてお

ない戦いの根本の理由なのである。

上の事情を鑑みると、すべての人間を畏怖させるにたる強力な威力（権力）のないところでは、人々は、互いに認め合って共存してゆくことができない、といわねばならない。

人間は、何より他人からの高い評価を求めようとする存在だ。もし他人から低く評価されたり軽蔑を受けたりすると、ときに他人を攻撃したり支配したりしてでも評価をえようとする。まさしく、評価（承認）を求めて互いに激しくせめぎあうわけだが、このときもし双方の上に強力な権威が存在しなければ、それは生死をかけた戦いにまでいたるのだ。

見てきたような人間社会における止むことのない戦争状態について、三つの大きな原因を挙げることができる。

（1）競争心……つまり、財と支配をめぐる欲望のせめぎあい。

（2）相互の不信……つまり、うかうかしていると、相手に滅ぼされるのではないかという不安。

（3）自負……つまり、自らの力にたのむところのある人間の名誉心。例えば強国の王の栄誉くには、だれにとっても、先手をうつことほど妥当な方法はない。それは、自分をおびやかすほどのおおきな力《パワ》を、ほかにみないように、強力または奸計《かんけい》によって、できるかぎりのすべての人の人格《パースン》を、できるだけながく支配することである。そしてこのことは、かれ自身の保全が必要とするところをこえるものではなく、一般にゆるされている。（中略）

それであるからわれわれは、人間の本性のなかに、三つの主要な、あらそいの原因を見いだす。第一は競争、第二は不信、第三は誇り《グローリ》である。

第一は、人びとに、利得をもとめて侵入をおこなわせ、第二は安全をもとめて、第三は評判をもとめて、そうさせる。第一は自分たちを他の人びとの人格、妻子、家畜の支配者とするために、暴力を使用し、第二は自分たちを防衛するために、第三は、一語一笑、ちがった意見、その他すべての過小評価のしるしのような、些細なことのために、それらが直接にかれらの人格にむけられたか、間接にかれらの親戚、友人、国民、職業、名称にむけられたかをとわず、暴力を使用する。

《諸政治国家のそとには、各人の各人に対する戦争がつねに存在

欲、征服欲など。

私はもういちどいおう。強力な国家によって保護されている領域の外側では、いつでも戦争状態が存在している。つまり、すべての人間を畏怖させるような強大な威力=権力が打ち立てられないかぎり、人間社会は、「万人の万人に対する戦争状態」から抜け出すことができない。たとえ現実に戦争が生じていない場合でも、人は潜在的な戦争状態にあり、その中では、つねに不安と孤独な状態にさらされ、人間としての豊かな生活から切り離されているのだ。

する》これによってあきらかなのは、人びとが、かれらすべてを威圧しておく共通の権力なしに、生活しているときには、かれらは戦争とよばれる状態にあり、そういう戦争は、各人の各人に対する戦争である、ということである。すなわち、戦争は、たんに戦闘あるいは闘争行為にあるのではなく、戦闘によってあらそおうという意志が十分に知られている一連の時間にある。

出典：一六五一年公刊。本文は『リヴァイアサン（一）』岩波文庫（水田洋《みずたひろし》訳）によった。

『リヴァイアサン』初版口絵

◉哲学の問い…………　ホッブズの考えでは、「権力」「公正なルール」「ペナルティ」が、暴力（戦争）を抑える原理。このほかに戦争を抑える原理はないか考えてみよう。

ホッブズについて　一五八八―一六七九

[人と時代]「平和」と格闘した長寿の哲学者

ホッブズは、早熟で長寿の哲学者である。一五八八年、イングランド南部のマームズベリの貧困家庭に生まれた。飲んだくれの父親は、家族を捨てて行方をくらました。叔父に引き取られたホッブズは、一四歳で名門オックスフォード大学に入学。頭脳明晰《めいせき》な少年は、数カ国語をあやつり、幾何学と数学にたけた。ラテン語の詩でデビューを飾り、数学者としても名声を得た。卒業後すぐに貴族キャヴェンディッシュの秘書兼家庭教師の職を得て、一六七九年九一歳で亡くなるまで教育と思索そして著述の日々を送った。

ホッブズは、戦争と革命、内乱の時代を生き抜いた。時代は、エリザベス一世治めるイングランドと当時世界最強の「大スペイン王国」との戦争の真っ最中。ホッブズが産声を上げた一五八八年に、スペインは無敵艦隊アマルダでイングランドを攻め立てた。無敵艦隊襲来のうわさに恐れ産気づいた母親は、ホッブズを早産した。後に自伝に「母は大きな恐怖をはらんで私と恐怖との双生児を産んだ」と語っている。ドイツに端を発し三十年間もヨーロッパ中に吹き荒れた宗教戦争を目撃したホッブズは、いかにして「平和」な社会を作るかという難題にとりくんだ。その答えが、ホッブズ六三歳に著した主著『リヴァイアサン』である。

ホッブズが生きた一七世紀は、近代西欧哲学の夜明けの時代。デカルト、ケプラー、ガリレオ、ニュートン、グロチウスら偉大な哲学者・科学者・思想家が活躍し盛んに〈知の交流〉を行った。ホッブズも例外ではない。ベーコンに師事し、デカルトと会食するなど、同時代の科学者・哲学者たちと交わり見聞を広げた。ガリレオの『天文対話』を読むだけでは飽きたらず、ヨーロッパ各地を旅行した際、イタリア・フィレンツェに住むガリレオを訪ねている。こうした〈知の交流〉と研鑽《けんさん》が、名著『リヴァイアサン』を生み出す原動力になった。

[思想] 戦争をなくすための原理

「リヴァイアサン」は、聖書「ヨブ記」に出てくる海獣の名前だが、ホッブズはこれを、人々を恐れさせる強大な存在すなわち「国家」のたとえとして用いた。だが、それは必ずしも絶対的な支配の制度としての「国家」を意味しない。ホッブズは、確固たる権威をもつ「国家」を、悲惨な戦争を抑え込み、平和な社会を実現するための、唯一の手段として提示したのである。

一七世紀のイギリスは、いまのような一つの国家を形成しておらず、イングランド、スコットランド、ウェールズなど、ばらばらの王国に分かれて長く戦争をつづけていた。それまでにも、英仏百年戦争やバラ戦争といった大きな戦争がつづき、人々の苦しみは止まなかった。

ホッブズは戦乱のイギリスを立て直すために、どういう考え方が必要かというところから出発した。そのために、まず人間社会に戦争がおこるその根本的な原因が何であるか、またそれを抑えるにはどういう条件が必要なのかを考えた。ホッブズはこれを、「自然状態」「自然権」「自然法」という三つの概念にまとめて説明している。

まず、「自然状態」は、共通の大きな政治権力が存在しないために実力だけが支配している状態だ。例えば、日本の戦国時代や中国の春秋戦国時代をイメージするとよい。

つぎに「自然権」は、誰もが自己保存のために実力をつかう権利のこと。要するに、強力な権威がないために、誰もが自分を守るために実力で生きるほかない状態にある。

最後に「自然法」だが、これは「理性」の法といわれる。ホッブズはこれを、誰が考えてもこれ以外には戦争を抑止できない唯一の方法、つまり戦争抑止の「原理」として提出している。とことん理性的に考えれば、戦争を抑止する方法は一つしかない。強力な共通権力を作り出し、それによって強力なルールをおき、皆がこのルールに従うこと。そしてもし誰かがルールを破ったら同じ仕方でペナルティを与えること、これである。これがほんとうに唯一の方法といえるか、ぜひ自分で確かめてみてほしい。

【本文解説】いかに相互の不安を抑えるか

ホッブズの「万人の万人に対する戦争」という言葉はよく知られている。彼は、なぜ人間社会において戦争が普遍的に生じるのかを、はじめて哲学的に考察した。それまで戦争の原因について、人々は、例えば神の御心であるとか、戦争は天災のように必ずやってくるといった具合にしか考えられなかった。戦争の根本的な原因を、ほんとうに合理的な思考でとことん考えつめた理論はなかったのだ。これを考えつめるには、それまでのキリスト教的世界観にとらわれないまったく新しい見識が必要だった。それを考えると彼の仕事の大きさがよく分かる。

まずホッブズはいう。動物では個体の生まれつきの体力の差が、そのまま動物たちの秩序を決める。しかし人間は、多少体力の差があっても、仲間を作ったり、策謀したりして、弱い人間が強い人間を倒すことがありうる。このため、人間社会では、自然で安定した秩序は成立せず、つねに互いの不信と不安によって、潜在的な戦争状態が作り出されるのだと。こういう考えがたいへん本質的だ。

さらにホッブズは、戦争の中心的原因を三つ挙げている。第一に競争、第二に不信、第三に自負である。戦争で負けると、殺されたり奴隷にされたりする。だから、誰にとっても、自分のほうが少しでも強いと思えば、早く相手を倒してしまうのが、不安を抑えるのに最もよい手段である。要するに、相互的な不信と不安によって、たえず相手を倒そうとする動機が高まるわけだ。

さて、ホッブズはいう。これが戦争の根本原因だとすれば、戦争を抑制するための方法も一つで、いかに互いの不安を抑制できるか、ということになる。すなわち、共通の強力な権力とルールを作り出すこと。そして万人がこのルールに従うこと。一見、あまりにシンプルに思えるかもしれない。しかし深く吟味するほど、この「原理」がきわめて根本的なものであることが分かるはずだ。

［未来への架け橋］一大プロジェクトとしての近代

ホッブズは近代哲学の出発点として、デカルトほど有名ではない。しかしその業績は、決してデカルトに劣らない。

人間社会は、財の発生以前は戦争も支配も知らなかった。農耕などによって財の蓄積が生じて以来、人間社会は、あまねく戦争と支配構造の社会になった。「近代社会」の理念とは何かといえば、現在も十分にはそれを実現できていないとはいえ、人間社会から戦争と支配構造をなくす一大プロジェクトだったといってよい。このプロジェクトを人間精神の場面で開始したのがデカルトなら、社会の設計という点でこれを始発させたのが、誰あろうホッブズなのだ。

現在でも、ホッブズの考えに対して、性悪説だとか、現実主義的すぎるとかいった批判もある。しかし、多くはホッブズの「原理」を、国家や権力を擁護するためのものと勘違いしているのだ。ホッブズの「原理」は、「戦争」に抗《あらが》う本質的な思考方法を教えるものだった。次にルソーの「原理」が、国家を民主的にする方法をわれわれに示した。このことを深く理解したとき、われわれははじめて、もっと先に進むことができるだろう。

◉哲学の問い……考えるヒント　戦争は、大昔から人間生活を脅かす「悪」で、人間はさまざまな工夫でこれを抑えようとしてきた。まず「贈与」。互いに財を贈りあって敵意のないことを示す。次に相互贈与、つまり交易。ほかにどんなものが挙げられるか、考えてみよう。

●読書案内　『ホッブズ』田中浩《たなかひろし》（清水書院）

我思う、ゆえに我あり

この世界は私の夢かもしれない

デカルト［方法序説］

自分と家族や友達がいっしょに住んでいるこの〝現実〟。これがたしかに存在していることを私たちは信じて疑わないが、でも、絶対に存在している、と言い切れるのだろうか。それが、とても長い〝夢〟である可能性は否定できないのではないか？

さて前にもいったように、実生活にとっては、きわめて不確実とわかっている意見にでも、それが疑いえぬものであるかのように、従うことが、ときとして必要であると、私はずっと前から気づいていた。しかしながら、いまや私はただ真理の探究のみにとりかかろうと望んでいるのであるから、全く反対のことをすべきである、と考えた。ほんのわずかの疑いでもかけうるものはすべて、絶対に偽なるものとして投げ捨て、そうしたうえで、全く疑いえぬ何ものかが、私の信念のうちに残らぬかどうか、を見ることにすべきである、と考えた。

◆解読

前にもいったように、実際の生活のうえでは、不確実だと分かっている意見（自分の国の法律と習慣、また、人々がとっている穏健で極端ではない意見など）に従うことがときに必要である、と私はずっと前から気づいていた。しかしいまは、私は真理だけを探究しようとしているのだから、これまでとはまったく反対のことをすべきだと考えた。つまり、ほんのわずかでも疑わしいものはすべて偽として投げ捨ててゆき、それでもまったく疑うことのできないものが私の信念のなかに残るかどうかを見ようとした（いわゆる〈方法的懐疑〉。絶対に確実なものを見つけ出すための方法として、あえて徹底的に疑ってみる）。

すると第一に、感覚は自分を欺くことがあるので（水のなかに半分入れた棒は曲がって見える、など）、感覚が心に描き出すものは何一つ存在しない、とした。第二に、確実と思われる幾何学の論証についても、人は誤って推理することがあるのだから、これらの論証も絶対に確実なものとはいえない、とした。第三に、私たちが目覚めたときに抱くあらゆる考え（私たちが知かくて、われわれの感覚がわれわれをときには欺くゆえに、私は、感覚がわれわれの心に描かせるようなものは何ものも存在しない、と想定しようとした。次に、幾何学の最も単純な問題についてさえ、推理をまちがえて誤謬《ごびゅう》推理をおかす人々がいるのだから、私もまた他のだれとも同じく誤りうると判断して、私が以前には明らかな論証と考えていたあらゆる推理を、偽なるものとして投げ捨てた。そして最後に、われわれが目覚めているときにもつすべての思想がそのまま、われわれが眠っているときにもまたわれわれに現われうるのであり、しかもこの場合はそれら思想のどれも、真であるとはいわれない（夢の思想には存在が対応しない）、ということを考えて、私は、それまでに私の精神に入りきたったすべてのものは、私の夢の幻想と同様に、真ならぬものである、と仮想しようと決心した。

しかしながら、そうするとただちに、私は気づいた、私がこのように、すべては偽である、と考えようとしている間も、そう考えている私は、必然的に何ものかでなければならぬ、と。そして「私は考える、ゆえに私はある」（*Je pense, donc je suis.*）というこの真理は、懐疑論者のどのような法外な想定によってもゆり動

覚して現実であると認めている物事すべて）は、眠っているときにも現れることができるものだから、それらもまた絶対に確実なものではないとした（＝一切は夢かもしれない、と考えることにした）。

しかし、そうすることで私はただちに気づいた。私がこのように「すべては偽である」と考えようとしている間も、そうやって考えている私は必然的に何ものかでなければならない、と（「すべては偽である」と考えているのなら、そう考えている「私」は無ではなく確かに存在しているはずである）。そして「私は考える、ゆえに私はある」というこの真理は、懐疑論者がどんな常識はずれのことを想定したとしても否定しえないほど確実だと考え、これを私の求めていた哲学の第一原理として受け入れることができると判断した。

次に私は、この（確実に存在するとされた）「私」とは何であるかについて、注意深く吟味した。そして以下のことを認めるに至った。すなわち、「私が身体をもたず、世界というものも存在せず、私のいる場所も存在しない」と想定することは可能だが、反対に「私が存在しな

かしえぬほど、堅固な確実なものであることを、私は認めたから、私はこの真理を、もはや安心して、私の求めていた哲学の第一原理として、受けいれることができる、と判断した。

次いで、私が何であるかを注意ぶかく吟味し、次の〔二つの〕ことをみとめた。すなわち、私は、私が身体をもたず、世界というものも存在せず、私のいる場所というものもない、と仮想することはできるが、しかし、だからといって、私が存在せぬ、とは仮想することができず、それどころか反対に、私が他のものの真理性を疑おうと考えること自体から、きわめて明証的にきわめて確実に、私があるということが帰結する、ということ。逆にまた、もし私がただ考えることだけをやめたとしたら、たとえそれまで私が想像したすべての他のもの〔私の身体や世界〕が真であったとしても、だからといって私がその間存在していた、と信ずべき何の理由もない、ということ。

さてこれらのことから私は次のことを知った、すなわち、私は一つの実体であって、その本質あるいは本性はただ、考えるということ以外の何ものでもなく、存在するためになんらの場所をも要せず、いかなる物質的なものにも依存しない、ということ。し

い」と想定することだけはできないこと。そして、私が他の物の実在性を疑うならば、そのように疑うことによって、きわめて明らかにかつ確実に私の存在が帰結すること。さらに、私が考えることを止めたとしたら、考えを止めている間も私が存在しつづけていたと信じる理由はないということ、である。

さてこれらのことから、私は考えるという本性をもつ「実体」（＝他の物に依存せず、それだけで存在しているもの）であって、存在するためには空間も必要とせず、どんな物体にも依存しないと結論した。つまり、私を私たらしめる「精神」は物体とは異なったものであり、たとえ物体が存在しなくても精神は精神であることをやめない、と。

たがって、この「私」というもの、すなわち、私をして私たらしめるところの「精神」は、物体から全然分たれているものであり、さらにまた、精神は物体よりも認識しやすいものであり、たとえ物体が存在せぬとしても、精神は、それがあるところのものであることをやめないであろう、ということ。

出典：一六三七年公刊。本文は『デカルト「方法序説」』筑摩世界文学大系（野田《のだ》又夫《またお》訳）によった。なお、〔 〕内は翻訳者による補足である。また、読みやすさを考えて適宜改行を加えた。

◉哲学の問い…………　デカルトは現実を「巨大な夢」とみなしたが、じっさいには、私たちは現実と夢とをはっきり区別して生きている。どのような基準でもって、この二つを分けているのだろうか？

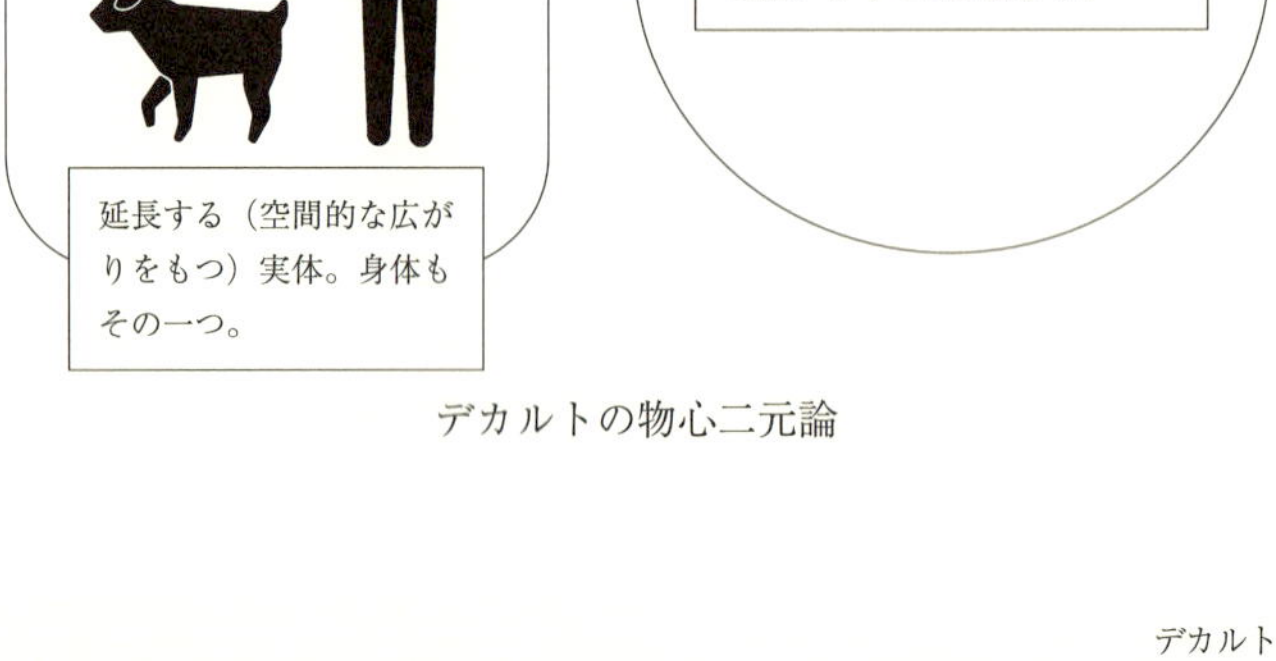
物体
精神
延長する（空間的な広がりをもつ）実体。身体もその一つ。
Je pense, donc je suis...
思考する実体。延長をもたず、身体がなくても存在する。

デカルトの物心二元論

デカルトについて　一五九六－一六五〇

［人と時代］徹底して理性を信じた「近代哲学の父」

デカルトは「近代哲学の父」と呼ばれる。なぜなら当時絶対であった「神」とは独立に、人間が自分自身の理性（考える力）を用いて物事を判断することの意義を強調した、中世以来ほとんど初めての哲学者だったからだ。有名な彼の言葉「我思う、ゆえに我あり」は、そのような彼の姿勢を象徴するものといえる。

デカルトは、一六世紀末、絶対王政期のフランス、ブルターニュに法官貴族の子として生まれた。幼い頃に母を亡くし、父の再婚後は祖母のもとで育てられている。一〇歳でイエズス会が運営する名門ラ・フレーシュ学院に入学、神学・哲学・数学等を学ぶ。成績は抜群で、知的好奇心と批判精神にあふれる生徒だった。とくに数学の明晰《めいせき》さ、厳密さを好み、曖昧なものを嫌った。彼のこの気質はそのまま、後の彼の哲学に表れているといえる。親戚だったラ・フレーシュ学院長はこの天才少年に極力自由な時間を与えた。寄宿舎で朝寝することもその一つで、以来、朝寝はデカルトの習慣になった。寝床で考えごとをしてはときどき起きてメモをとり、また横になる……そんな具合だった。

一八歳で学院を卒業し、二〇歳で法学士の学位を得ると、彼は書物による学問をいったん捨て、「世間という大きな書物」に学ぼうと決意して、遍歴の生活に入る。遍歴時代には、軍務を経験し、また行く先々で当時の著名な自然科学者や哲学者と交流して見聞を深めていった。さまざまな国を訪れて、それぞれ異なる人々の暮らしや考え方にも触れた。こうした遍歴生活が、思い込みや偏見を排し、理性にとって確実で疑い得ないことだけをベースにしようという、後の彼の哲学的方法に大きな影響を与えたことはまちがいない。遍歴を終えたデカルトは、三二歳を過ぎてから、『方法序説』（一六三七年）、『省察』（一六四一年）など哲学史上に輝く重要な著作を次々と生み出していった。

私生活では、正式な結婚こそしなかったが、ある女性との間に娘ができたことがある。三九歳の夏のことで、彼はこれを大いに喜んだが、六年後その娘を病で亡くしてしまう。デカルトは娘の死を深く悲しんだ。後に彼は、「涙や悲しみが女だけのことで、男はいつも冷静な顔を無理にせねばならないと考える者に私は属さない」と書いている。

晩年、デカルトは寒国スウェーデンの女王に招かれ、週二日毎朝五時から哲学講義を命じられた。朝寝が習慣だった彼には過酷な労働だったにちがいない。ムリがたたってか、その翌年に肺炎で亡くなった。

［思想］自由と共通理解をめざして

デカルトはなぜ、理性（考える力）をそんなにも重視したのだろうか。それは、理性が自由の感覚をもたらすからだ。彼には、学院で教わった歴史も道徳論もスコラ哲学も、きちんとした根拠をもったものとは思えなかった。「自分で物事を考えて、心から納得できる知識が欲しい。ただの〝習慣と先例〟に従うなんてまっぴらだ」。そんな自由への思いが『方法序説』からは伝わってくる。

デカルトはさらに、理性による洞察が「人々の間の共通理解」になっていくことを夢見ていた。何かの権威が「正しい物の見方」を人々に一方的に供給するのではなく、一人ひとりが自分の納得を求めて議論し、そこから共通理解が生まれていく。民主主義の精神にも通じる、このような「理性に基づく共通理解」こそがデカルトの求めるものだった。どんな人も等しく備えているはずの理性を正しく用いるならば、そこに、誰もが納得しうる共通理解、つまり真の学問の世界が拓《ひら》けていくと考えたのである。

このような努力は、すでに科学者たちによって始められていた。例えば、デカルトよりも三〇歳年長のガリレオは、実験と観察に基づいて地上の物体や天体の運動を数学的に説明した。デカルト自身も、光の屈折や虹のような気象、また人体について探究する自然科学者であり、幾何学者でもあった。しかし彼は科学者・数学者であるにとどまらず、「絶対に確実な根本原理」を見出《みいだ》そうとする。でもなぜ、絶対に確実なものを彼は求めたのだろうか。

一つには、理性によって獲得される確実な知識、という理想を、徹底的に追求してみようとしたからだ。どんなに疑ったとしても疑いえない根本原理を見出すことができれば、それを土台として、自然科学も道徳論も含む一切の学問を、あたかも幾何学の論証のように正確に組み立てていくことができる、と考えたのである。現在の私たちの多くが、共通理解なんて簡単ではないぞ、と思い、はじめからその努力をあきらめてしまうが、デカルトはその反対のことを試みたのだ。

もう一つデカルトが課題としたことがある。――人間は自由意志をもっているのか、それとも複雑な機械にすぎないのか。死後に魂は存続するのか。神は存在するのか。何が正しい生き方といえるか。つまり、自由・魂・神・道徳といった、生きる上での〝価値〟に関わる問題群である。これらはきわめて重要だが、観察と実験に基づく自然科学では答えを出せない。そもそも科学の語る世界は法則的・決定論的なものであって、そこには自由も道徳も存在しえない。そこでデカルトは、一方で自然科学を重視してその方法を整備しつつ、他方では、自由や道徳にもその場所を与えようとしたのである。

　このように、万学の土台を見出す・人生の価値の問題に答える、という二つのモチーフが、デカルトの思索を「第一哲学」（物事の根本原理を問う哲学、しばしば形而上学とも呼ばれる）へと向かわせたのである。

［本文解説］ 考える私の存在は、考えているかぎり疑えない

　本文は『方法序説』の第四部であり、自叙伝を含むこの書物の、最も重要な「形而上学」の部分にあたる。それは、絶対に確実な原理を求めるために少しでも疑わしいものは捨てる、という徹底的な懐疑（あらゆる物事に懐疑を及ぼす点で「普遍的懐疑」、確実な土台を見つけるための方法という点では「方法的懐疑」と呼ばれる）から始まる。

　さて、感覚の与えるものは信じられるか。水中に入れた棒が曲がって見えることがあるから、これは捨てることにする。幾何学は最も明証的な学問として彼自身が認めてきたものだが、ここではあえて「人は誤って論証することがある」と投げ捨てる。さらに、私たちが目ざめて知覚しているこの現実の世界全体も、じつは巨大な夢かもしれない、としてその存在を疑う。

　続いてデカルトは、このように疑っているかぎり、疑っている私の存在は疑えない、という原理を導き出す。有名な「我思う、ゆえに我あり」（ラテン語：cogito ergo sum, 英語：I think, therefcre I am）である。

　この発想はすごい。現実世界の存在よりも私の存在のほうが確かだ、と彼は言ってしまった。映画の『トータル・リコール』や『マトリックス』のように、現実世界は脳内に注入された情報にすぎない可能性がある。しかしそうだとしても、考えたり感じたりしている私が存在すること、これだけは疑えないはずだ。こうしてデカルトは、誰もが納得せざるを得ない第一原理を打ち立てた。

　しかし、この「私」の存在は確実だとしても、では、現実が真に存在することはどうやって証明できるのか。さらに、現実と一致する認識はどうやって可能なのか。つまり、私と、私から切り離された現実世界とをどうやってつなぐか、という課題が出てきてしまう。デカルトは、そこを「神」によってつなごうとした。

　本文の後に続く部分で、デカルトは神の存在証明を行う。〈「完全」という観念が不完全な私のなかにあるのはおかしい。完全なもの（神）が存在していてその観念を私に注入したと考えるほかはない〉。そして〈神は善意あるものだから人間の理性をきちんとつくっているはずであり、人間が明晰判明に見出すことは信用してよい〉と述べて、外界と事物の存在を認めたのである。しかし、この証明に満足する人は少ないだろう。じっさいこの後、この主観（心）と客観（現実）の一致の問題は、近代哲学の最大の難問となっていった（「フッサール」の項を参照）。

再び本文に戻ろう。デカルトは「私」（＝精神）とはどのようなものか、と問うて、精神は「疑ったり考えたりする働き」なのだから、物体のように空間を必要としない（思考に体積は必要ない）。だから精神は物体と本質的に異なる〈思考する実体〉である、とする。その逆に、物体は「延長」（空間のなかでの広がり＝体積）を本質とする〈延長する実体〉である。こうして、物体と精神とは根本的に異なった実体であるのだから、物体の一種である肉体が滅びても、精神は滅びないことになる。——この「物心二元論」を、私たちの多くが奇異な説と感じるにちがいない。しかしこの論は、自由な意志と道徳を備えた精神を、決定論的な自然科学から〝救い出そう〟とする動機から生まれたものであり、その動機じたいは正当なのだ。そしてこの課題は後のカントに引き継がれる。

［未来への架け橋］共通理解は希望をつくる

「共通理解」の可能性の徹底的な探究。生きるうえでの「価値」の探究。デカルトが果たそうとしたこの二点は、いまなお、古びていない。それどころか、いま、最も重要な問題になっている。

現在まで、数学や自然科学は共通理解を創り出すことに成功してきたが、人間科学・社会科学については、つい最近まで、デリダ、フーコーらのポスト・モダン思想の影響もあって「理性的な共通理解はありえず、共通理解なるものは少数者の意見を抑圧する」という感度が強かった。

しかし理性的な、つまり〝誰もが納得しうる〟共通理解がまったく不可能だとすれば、価値の問題を議論することも未来社会を構想することも不可能になり、結局「考えることは無意味だ」という感覚（ニヒリズム）をもたらす。だから私たちは、共通理解の可能性を追求したデカルトやフッサールをあらためて検討しなくてはならないのである。

◉哲学の問い……考えるヒント　現実体験と夢体験のそれぞれの特質を考えてみよう。現実体験は時間的にも空間的にも首尾一貫していてまとまっている。では夢体験はどうか？

●読書案内　『デカルト入門』小林道夫《こばやしみちお》（ちくま新書）

大陸合理論

スピノザ（一六三二－一六七七）　ライプニッツ（一六四六－一七一六）

「近代哲学の父」と呼ばれるデカルト。デカルトの世界像を「物心二元論」と呼ぶ（五二ページ参照）。

この「物心二元論」から一つの難問が生まれた。人間は、「精神」であると同時に身体という「物体」でもある。では、「精神と身体（物体）はどのように結びついているのか？」という問題だ。

デカルトと同様に、理性的・論理的な推論だけで、世界を合理的に捉えようとしたヨーロッパ大陸の哲学者たちがいた。彼らの考え方を総称して「大陸合理論」という。

デカルト以後の「大陸合理論」の代表的な哲学者にスピノザとライプニッツがいる。スピノザは、デカルト的「二元論」の矛盾を排して、世界を「一元論」で捉えた。スピノザの主著である『エチカ』によれば、世界は唯一の実体から成っており、その実体は神である。その神（実体）は無限に多くの属性を持っており、世界のすべては神が姿を変えたものである。したがって、人間の「精神」と「身体」も別のものではなく、あくまで神の実体のうちの二つの属性にほかならない。これによって、「物心二元論」の疑問を解消したと考えたのである。

一方、ライプニッツは、世界はこれ以上分割できない無数の「モナド（単子）」から成り立っているという「多元論」の立場を取る。スピノザの唱えるように「一つの実体が無数の多様性をもつ」のではなく、「無数の実体（モナド）が多様な形を取る」としたほうが合理的であると考えたのだ。モナドは神が創造したものだが、物質的なものではなく、あくまで精神的なものであるとされる。どのモナドも互いに異なった性質をもっていて、それらは外的な要因ではなくあくまで内的な原理で変化する。このような内的原理を欲求と呼ぶ。また、ライプニッツは、それぞれのモナドを「宇宙を映し出している、永遠の生きた鏡」であるという。つまり、同じ町でも見る視点が異なればまったくちがった町に感じられるように、モナドの数だけ異なった世界が存在していることになる。「物心二元論」も、一つの世界（人間）を映し出す異なった鏡（精神と身体）であると考えたのだ。

イギリス経験論

ロック（一六三二－一七〇四）

デカルトは、神から授かった理性の力によって人間は世界を正しく認識できるとした。デカルトとその弟子たちは、人間はいくつかの生得観念、とくに神の観念を生まれつき与えられていると考えた（「生得観念の原理」）。

だが、ちょっと待った！　それはほんとうか？　ロック、ヒュームらイギリス経験論は、生得観念の原理を疑い批判する。

ロックの反論は、「心は白紙（タブラ・ラサ）」説だ。人は、心に浮かぶ諸々の観念をいったいどこで手に入れたのか？　その答えは、〈心は白紙で、観念はすべて経験から〉である（『人間知性論』）。ここでいう「経験」とは、自分自身の力によってさまざまな観念を作り上げていくことだ。要するに、「生得観念」なるものはなく、外部のものに触れた心は感覚と内省によって観念をもたらす。

「神」の観念は生まれつき備わっていない。「全人類が普遍的に同意するような原理は一つもない」。それどころか「都合のよいものを生得観念として他人にのみこませることは、他人に対する権力をそうした人に少なからず与えるものである」。ロックは、革命と動乱の時代に生きた哲学者。実際、ピューリタン革命から王政復古、名誉革命へとつぎつぎに権力が替わり、自らの思想や立場を絶対視して政敵を倒すのを目撃する。こうした現実をのりこえるために、ロックは寛容の精神を訴えた。理性によって得られた原理を絶対視してはならない。経験が異なれば観念や思想も異なる。

ヒューム（一七一一－一七七六）

その後のヒュームはもっと徹底している。「経験」は、「心のなかの諸観念の動きそのもの」である。外部の存在を前提としたロックと違って、ヒュームは外部のものは存在しないという。「心という狭い限界内に現れた知覚以外には、いかなる種類の存在も思いいだくことはできない」（『人性論』）。ヒュームは、ただ「知覚」だけが唯一の確かな存在という。経験は諸観念を連合して「信念」をもたらす。すべてが「信念」にすぎない。ヒュームの思想の奥には、異なる思想や宗教は、それぞれの信念にすぎないから互いの信念を認め合おうという〈寛容〉のメッセージが込められている。

社会契約
法律や国家の正当性はどこにあるか

ルソー［社会契約論］

自由であることと、国家のなかで共同的に活動すること。この二つを調和させるのはとても難しいように思える。この困難を解決するには、どのような原理（基本的な考え方）を立てる必要があるだろうか。

ここで、さまざまな障害のために、人々がもはや自然状態にあっては自己を保存できなくなる時点が訪れたと想定してみよう。自然状態にとどまることを望んでいる人々はこうした障害に抵抗するのだが、この時点になると障害の大きさが、人々の抵抗する力を上回ったのである。こうして、この原始状態はもはや存続できなくなる。人類は生き方を変えなければ、滅びることになるだろう。

人間は〔何もないところから〕新しい力を作りだすことはできない。人間にできるのは、すでに存在しているさまざまな力を結

◆解読

（財産を奪い合う争いのような）さまざまな障害のために、人々がもはや国家なき自然状態では、自分の生命や自由や財産を保つこと（自己保存）ができなくなる時点が訪れたとしよう。こうなると、人類は生き方を変えなければならなくなる。

その際人間にできるのは、集まって自分たちのさまざまな力をまとめあげ、ただ一つの原動力によって一致した方向に動かすことである（そうすることによってしか、財産と自由を保護する方法はない）。

そして人々が自己を保存するために使える手段は、各人の力と自由（意志）とであるから、この力と自由とを拘束して一つにまとめあげねばならないが、そうしながらも、各人は害されることなく、「自己への配慮の義務」つまり、自分の幸福のために自らを配慮するという自然の与えた義務を怠らないようにしなくてはならない。この困難な問いを定式化すれば、次のようになる。

「どうすれば、それぞれの成員の人格と財産を

びつけ、特定の方向に向けることだけである。だから人間が生存するためには、集まることによって、〔自然状態にとどまろうとする〕抵抗を打破できる力をまとめあげ、ただ一つの原動力によってこの力を働かせ、一致した方向に動かすほかに方法はないのである。

このまとめあげられるべき力は、多数の人々が協力することでしか生まれない。しかし各人が自己を保存するために使える手段は、まず第一にそれぞれの人の力と自由である。だとすればこの力と自由を拘束して、しかも各人が害されず、自己への配慮の義務を怠らないようにするには、どうすればよいだろうか。この困難な問いは、わたしの主題に戻って考えると、次のように表現できる。

「どうすれば共同の力のすべてをもって、それぞれの成員の人格と財産を守り、保護できる結合の形式をみいだすことができるだろうか。この結合において、各人はすべての人々と結びつきながら、しかも自分にしか服従せず、それ以前と同じように自由でありつづけることができなければならない」。これが根本的な問題であり、これを解決するのが社会契約である。

守り、保護できる結合の形式を見出《みいだ》すことができるか。しかも、各人はこの結合において自分にしか服従せず、それ以前と同じように自由でありつづけることができなければならない」。そして、この問題を解決するのが「社会契約」である。

社会契約の条項は、「人格と財産を守るために結合しながら、しかも自由である」という契約の本性から明確に決定されるのであり、この根本をわずかでも修正すると無効になってしまう。だから、この契約条項はこれまで明文化されたことは一度もなかったかもしれないが、どの国家においても同じであり、誰もが暗黙のうちに受け入れていたものにちがいない。そして、もし社会契約が破られるならば、各人は自然状態に復帰し、一切の自己保存の手段を自分で選択しうるという自然から与えられた自由を回復することになる。

さて、社会契約の条項は、正しく理解するならば、ただ一つの条項に集約される。すなわち「社会のすべての構成員は、自らと自らのすべての権利を、共同体（＝国家）の全体に譲渡する」ということになる。この譲渡は、各人のもこの契約の条項は、その行為の性格によって明確に決定されるもので、わずかでも修正するならば、無効で空虚なものとなってしまうような性質のものだろう。だからこの契約の条項は、これまで明文化されたことは一度もなかったかもしれないが、どこでも同じであり、誰もが暗黙のうちにうけいれ、認めていたものに違いない。社会契約が破られるならば、各人は自分の最初の権利をとりもどすまでのことである。そのときには契約によって手にした自由は喪失するが、契約を締結するときに放棄したかつての自然の自由を回復することになる。

これらの条項は、正しく理解するならばただ一つの条項に集約される。社会のすべての構成員は、みずからと、みずからのすべての権利を、共同体の全体に譲渡するのである。（中略）この譲渡は留保なしで行われる。そのために結合は完全なものであり、どの構成員もほかに何も要求するものをもたない。もしも特定の個人に何らかの権利が残されたならば、これらの人々と公衆のあいだで判決を下す上位の者がまったく存在しないのだから、（それぞれはある意味では各人は自分のことについてみずから判決を下すことができるものだから、）やがては［この特定の個人が］すべてのことつ力と自由と財産すべてを共同体に全面的に譲渡するものであって、留保（＝残された権利）があってはならない。そうであってはじめて、結合は完全なものとなるからだ。

（なぜそうなるのか、説明しよう。）もし特定の個人に（土地所有権のような）なんらかの権利が国家に属さないものとして残されたとする。（すると、国家とその個人との間で土地をめぐる権利問題が発生した場合には）国家を構成する公衆と、その個人の間でどちらが正しいかの判決を下す上位の者が存在しないことになる。そして、個人はもともと、自分について何が正しいかを判定しうる自由な存在であったのだから、結局、国家に関するすべてのことについても自分勝手に判決を下すことができると考え始めるだろう。そうなると、自然状態が続いているのと変わりなくなってしまうのである。

要するに、社会契約においては、各人はすべての者（＝共同体）に自らを与えるのであって、（奴隷になるときのように）特定の個人に自らを与えるのではない。しかも、すべての共同体の成員は、いったん自らが譲渡したのと同じ権利を契約によって取り戻し、財産の保護について、について判決を下すことができると考え始めるだろう。そうなると自然状態がつづくことになり、結合は圧制となるか、有名無実なものとならざるをえないのである。

要するに、各人がすべての者にみずからを与えるのだから、みずからをいかなる個人に与えることもない。すべての成員は、みずから譲渡したのと同じ権利を、〔契約によって〕うけとるのだから、各人は自分が失ったものと同じ価値のものを手にいれることになる。そして各人は、自分が所有しているものを保存するために、〔契約を締結する前よりも〕大きな力を手にいれる。

だから社会契約から、本質的でない要素をとりのぞくと、次のように表現することができることがわかる。「われわれ各人は、われわれのすべての人格とすべての力を、一般意志の最高の指導のもとに委ねる。われわれ全員が、それぞれの成員を、全体の不可分な一部としてうけとるものである」。

この結合の行為は、それぞれの契約者に特殊な人格の代わりに、社会的で集団的な一つの団体をただちに作りだす。（中略）このようにして設立されたこの公的な人格は、（中略）現在では共和国（レピュブリック）とか、政治体という名前で呼ばれている。（中

契約以前よりも大きな力を手に入れることになる（契約によって自分の土地はいったん共同体に譲渡されるが、次にはその土地は自分の所有物として共同体から承認され、その土地を奪おうとする者や外国人からの攻撃に対しては共同体によって保護されることになる）。

だから、社会契約から本質的でない要素をとりのぞくと、次のように表現することもできる。「われわれ各人は、われわれのすべての人格とすべての力を、一般意志（＝成員の共通利益を推進しようとする意志。人民集会における十分な議論によって取り出され、法の形をとる）の最高の指導のもとに委ねる。われわれ全員は、それぞれの成員を全体の不可分な一部としてうけとる」。

この社会契約による結合の行為は、ただちに公的な人格を創り出すが、これは現在では共和国とか政治体という名前で呼ばれている。構成員は、主権に参加するものとしては市民（シトワヤン）と呼ばれ、国家の法律に従う者としては国民（シュジェ）と呼ばれる（だから構成員は、人民集会に参加してみずから法をつくる存在であると同時に、その法に従う存在でもあるのである）。

略）構成員は、（中略）主権に参加する者としては市民（シトワヤン）と呼ばれ、国家の法律にしたがう者としては国民（シュジェ）と呼ばれる。

出典：一七六二年公刊。本文は『社会契約論／ジュネーヴ草稿』光文社古典新訳文庫（中山《なかやま》元《げん》訳）によった。表記を一部変更した。なお、〔　〕内は翻訳者による補足である。

◉哲学の問い………… 部活のような集団では、しばしば各自の意見が出しにくく、結局、活動が沈滞してしまうことがある。意見を出しやすくするためには、どんな工夫が必要だろうか。

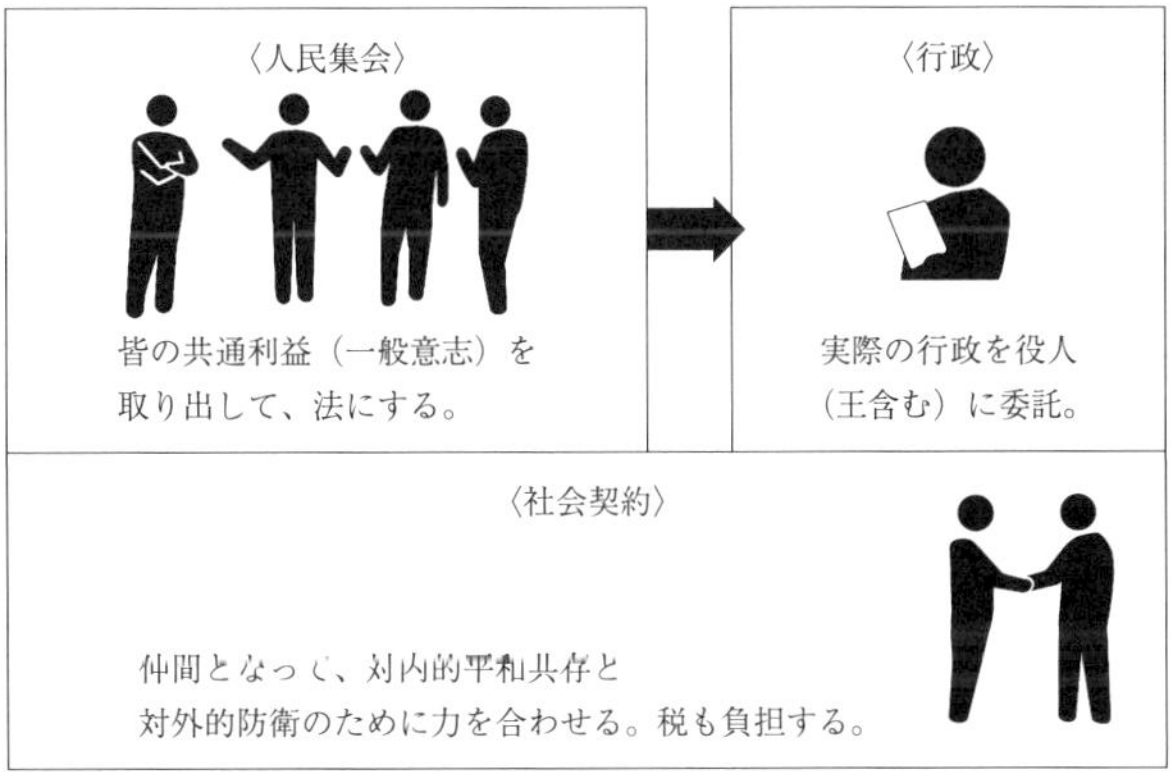
〈人民集会〉
皆の共通利益（一般意志）を
取り出して、法にする。
〈行政〉
実際の行政を役人
（王含む）に委託。
〈社会契約〉
仲間となって、対内的平和共存と
対外的防衛のために力を合わせる。税も負担する。

ルソーについて　一七一二―一七七八

［人と時代］人と社会の幸福を問い続けた哲学者

変わり者の多い哲学者たちの中でも、ルソーの個性はひときわ強烈だ。博愛の思想家であるかと思えば、他方で激しい人間憎悪に苦しみもした。不朽の名著である教育論『エミール』を残しながらも、五人の子どもは皆孤児院に捨ててしまった。露出癖など性倒錯の傾向も強く、本人も自伝『告白』においてそのエピソードの数々を語っている。ある意味において、ルソーはあまりに「人間的」な人だったのだ。

そんなルソーは、一七一二年、スイスのジュネーヴに誕生した。母は彼を産んで数日後に亡くなった。父はルソーが一〇歳の頃まで彼に教育を施したが、その父もまた、その後突然失踪する。少年時代を彫刻師のもとで徒弟として過ごすことになったルソーは、しかし一六歳の時、その圧制に耐え切れず脱走、一人放浪の身となった。

ルソーを拾い上げたのは、フランスはサヴォアの女性、ヴァラン男爵夫人だった。二人は親子にも似た愛人関係を、その後およそ十年間続けることになる。ルソーが熱心に読書をし、あらゆる知識を独学で吸収していったのは、夫人の庇護《ひご》を受けたこの頃のことだ。

やがて大きな転機が訪れる。ディジョンのアカデミーの懸賞論文において受賞したルソーは、一躍思想家としてその名を知らしめるようになったのだ。懸賞論文の課題は、「学問と芸術の進歩は習俗を純化することに寄与したか？」。ルソーはこの問いに「ノー」と答えた。その理由はこうだ。ルソーが生きた時代のフランス、それは、人口のわずか二%の王侯貴族や聖職者による、残り九八%の民衆の支配の時代、すなわち絶対王政の時代であった。ルソーに言わせれば、当時の学問や芸術もまた、しょせんは貴族たち特権階級に独占された、いわば社会悪を象徴するものだったのだ。

思想家として大成したルソーは、その後このモチーフに磨きをかけ、『人間不平等起源論』（一七五五年）や、後のフランス革命にも大きな影響を与える『社会契約論』（一七六二年）を著すことになる。しかしこの著作は、発表されるや否や『エミール』と共に当時の絶対王政国家によって発禁処分の憂き目を見ることになる。さらにルソー自身にも逮捕令が下り、彼はその後約十年間の放浪生活を余儀なくされる。晩年には激しい被害妄想などにも苦しみながら、一七七八年、パリ郊外においてその波瀾《はらん》に満ちた生涯を閉じた。

［思想］自由と〝憐れみ〟の回復を求めて

ルソーは自由を求め、絶対王政のような専制権力を批判した人として知られているが、「悪しき専制的な権力が、心正しい大衆を抑圧している」というふうに単純に社会を見ていたのではない。なぜなら、自由を失わせ不平等をもたらす最大のものは、人々の「内」にある、と考えていたからだ。すなわち、人々は富、権力、評判、名誉などによって社会の中における自己を測り、自分の「存在の感情」を他人の判断のみから引き出している。だから人々は社会のなかで上昇しようとせめぎあい、せめぎあうからこそ専制権力は存続しているのだ、と（『人間不平等起源論』）。

彼はまた、社会をもたず原始のままに生きる「自然人」を自由な存在として語ったが、そこに込められていたのは、評判を求めて自分を見失うのでなく、自分自身の欲望に従って生きることこそが自由だ、という思想であった。著作の至るところでルソーは「自分に立ち返り、何が自分にとって必要なもの、大切なのかをよく考えよ」と語っているが、その声は、現代の私たちにも響いてくる。

彼は考える。文明社会の競争的な社会関係の発展は、個人のなかに「目立ちたい」という欲望を目覚めさせることで、自分に必要な物事のみを求めて生きる自由と、さらに、他者の不幸に対して自然にわきおこる〝憐れみ〟の感情をも失わせた。しかし原始には戻れない。では、発展した社会関係のもとで自由と憐れみを回復する道はあるか？　と。

彼の答えは二つの著作となった。一つが『エミール』であり、そこでは教育による人間性の変革、すなわち、他人の評価にふりまわされず、自分にとっての必要性や有用性から物事を判断できる自由な人間を育てることがめざされる。もう一つが『社会契約論』であり、これは国家の法と権利の正当性の根拠を示すことで、社会秩序を変革して自由な自治的国家を建設しようとするものであった。このように、根本的な問いを立てて渾身《こんしん》の力で答えようとする点で、ルソーはスケールの大きい思想家・哲学者であった。

［本文解説］法や権利の〝正当性〟は約束に由来する

法や権利の正当性はどこからくるのか、という問いに対しては、イギリスのロックの答えがよく知られている。「生命・健康・自由・所有物は、各人に神から与えられた権利（自然権）であるから、これを犯してはならない」（ロック『統治二論』一六九〇年）とする説は、現代の人権論の基礎になっている。しかしこれは、権利の正当性の根拠を神や自然に求める点で、十分な説得力をもちえない。

これに対してルソーは「権利や法は自然から出てくるの

ではなく、いくつかの約束にもとづく」(『社会契約論』第一章)とはっきり述べる。そして、国家における権利と義務、法律や政策のもつ正当性や、さらに国王の正当性についても、それらを成り立たせている根本の「最初の約束」があるはずだ、と追いつめていき、ではその約束とは何か？と問うのである。これはまさしく、哲学的な原理的思考の模範といってよい。

さて、本文に採った箇所は、その「最初の約束」を示した部分である。先立つ『人間不平等起源論』は、国家の存在しない自然状態においては人は一人で自由に生きていたが、人々が農業を学び土地を私有し財産を蓄積するようになると、互いの所有物を奪いあう争いが起こるようになる、と述べていた。本文はこの時点からスタートする。すなわち、争いが激しくなると、一人の力では自分の「自己保存」、つまり自分の自由と所有物(とくに土地)を守れなくなる。そのとき、人々は共同体(国家)を創って力を合わせる以外に方法がないことに気づく。

だから、国家の目的は、各人の自由と所有とを共同の力によって守る、ということになる(詳しくいえば、対内的な平和共存と、外敵からの攻撃に対する防御という二点になる)。このような社会契約が、国家におけるあらゆる権利や法の正当性の根本にある、というルソーの主張は分かりやすい。しかし問題なのはその契約条項である。

すなわち、①各自は「自分と自分の権利」(自由、身体、土地など)を共同体に全面的に譲渡しなくてはならない。以上のことは、②それらすべてを「一般意志の最高の指導」のもとに委ねる、とも言いかえられる。

これらは「契約しても以前と同様に自由であるため」の条項としてルソーが語ったものだが、これに対して、国家の意志に問答無用に従えという全体主義ではないか、という疑念と非難が多く寄せられてきた。だがまず、ルソーのいわんとするところを押さえよう。

まず①について。各人は、自分の自由と所有をいったん共同体に譲り渡すが、次にこれらは共同体によって「その人のもの」として承認され保護されることになる。つまり、自由と所有を保護つきで請け戻すための、譲渡なのである。

しかし、②のいうように一切を「一般意志の最高の指導」に委ねるとすれば、結局、国家の命ずるままに土地を供出したり、軍隊に行かねばならなくなるのではないか？

ここで「一般意志とは何か」について、本文に採らなかった箇所からまとめてみる。まず、人々の結合の目的は、各人の自由と所有の保護を中核とする、人々の共通利益の推進である。だとすれば、各人のなかには、自分個人の利益を求める〈特殊意志〉だけでなく、「自分も含む全員にとっての共通利益を推進しようとする意志」が存在しているはずである。後者が〈一般意志〉である。具体的には、議会で十分話し合った上で、一般意志と認められたものを「法」とする。つまり、一般意志の指導に従う、とは「話し合って決めた法には従う」という意味なのである（もちろん法に決めたこと以外は、各人の自由である）。

こうして法や権利の正当性は、それが〈一般意志〉（全員の共通利益）であることによる、ということになる。だから法は、特定の少数者に特権や負担を負わせてはならず、必ず全員に等しく義務と権利を与えなくてはならない。また、議会での決定には多数決を用いるが、多数決はあくまで決定の手段にすぎない。多数の賛成ではなく、全員の共通利益であることが正当性の本質なのである。

次に、国王や総理大臣の正当性はどうなるのか。法は一般的な事柄しか決められないので、実際に個別の決定を行い政策を推進する行政が必要になる。議会はそうした行政を委託する役人を決めるが、国王とはこの役人にすぎず、その行為は一般意志に従っているかどうかで評価され、不適切な場合には議会によって罷免されるのである。

このようにルソーは、国家の存在理由を「成員すべての共通利益の推進」にあると考え、共通利益を法として議会で決めていく、自由な自治の原理を打ち立てたのである。

[未来への架け橋] 各自の感度を出し、一般意志を取り出す

私たちは、どのようにしたら集団の〈一般意志〉を取り出すことができるだろうか。ルソーも言っているが、まずは、集団のなかで意見が自由に出せることが重要だ。さらに、自分とは意見が違っても、他人の意見を「いったんは最後まで聴く」。そうすることで、互いの感度のちがいをよく理解し合う。そのうえで、何が一般意志たりうるのか（真に全員の共通利益といえるのか）を、考え合う。

日本の人々は、まだまだ、そうしたやり方が身についていない。民主的で自治的な集団の営み方を、私たちはさまざまに工夫していくことができるはずである。

◉哲学の問い……考えるヒント　不満を述べたり、おもしろくするための提案をすることが誰でも自由にできる→その提案に仲間が納得すれば実際にルールが変わる→活動がもっとおもしろくなり仲間意識も高まる。そういう流れを想定したうえで、具体的な工夫を考えてみよう。

●読書案内　『ルソー』福田《ふくだ》歓一《かんいち》（岩波現代文庫）

認識と実践の問い／可想界

神の存在は証明できない　内なる道徳法則への畏敬

カント［純粋理性批判／実践理性批判］

哲学は長く、世界の根本原理、すなわち絶対的真理を求め続けていた。しかしカントは「人間は絶対的な真理をつかむことはできない」と主張することで、この哲学の探究の道に大きな転換点を作り出した。彼は自らそれを「コペルニクス的転回」と呼んだ。

認識の問いと実践の問い

理性の一切の関心（思弁的および実践的関心）はすべて次の三問に纏《まと》められる、

1　私は何を知り得るか

2　私は何をなすべきか

3　私は何を希望することが許されるか

このうちの第一問は、まったく思弁的な問題である。我々は、この問題に対してあらゆる可能的な解答を挙げ尽し（自惚《うぬぼ》れかも知れないが、私としてはそう思っている）、そのあげく理性が満足

◆解読

理性の一切の関心を次の三つの問いにまとめることができる。

（1）私は何を知りうるか（純粋理性の問い）。

（2）私は何をなすべきか（実践理性の問い）。

（3）私は何を希望することが許されるか（判断力の問い）。

第一の問いは、世界が何であるかについての、純粋に認識的な問いである。

われわれはここまで、この問いに対して人間の理性が答えうる一切の可能性をくわしく吟味してきた。その結果、「道徳的問題」をべつにすれば、理性（認識する理性）は本性的な限界をもつため、「世界の全体」について絶対的な認識をもちえないことが明らかになった。

それだけでなく、理性は、私がすでに挙げた「神は存在するか」と「来世は存在するか」といった根本的な理念の問いにも、決して答えられないのである（注・カントによると、人間の理性は、「神」「来世＝魂の不滅」「自由」という三つの根本理念をもつ）。

第二の問いは、道徳の問い、つまり実践的な

せざるを得ないような、そしてもし理性が実践的なものに注意を向けない限り、当然満足して然るべき理由をもつような解答を既に見《み》出《いだ》している。しかしこれらの解答にしても、純粋理性のかかる全努力が元来目ざしていたところの上掲の二大目的に遠く及ばないことは、我々が仮に安易を欲してこの仕事に最初から手をつけなんだ場合とまったく同じであると言ってよい。それだからもし知識を問題とするのなら、これら二つの課題に関して我々に解決が与えられ得ないという事情は、少くとも極めて確実であり、初めからきまりきったことである。

　第二問は、まったく実践的な問題である。この問題は、その性質上なるほど純粋理性に属しはするが、しかし先験的問題ではなくて道徳的問題であり、従って現在の批判そのものの論究の対象にはなり得ない。

　第三問、即ち「私がなすべきことをなしたら、私は何を希望することが許されるか」という問題は、実践的であると同時にまた理論的な問題でもある。そのうえ実践的なものは、理論的問題に対する解答の手引きになるし、また理論的問題が更に向上すると思弁的問題の解決の手引きにもなるのである。およそ希望はすべ

問いであって、理性は、認識能力としてはこれに答えることはまったくできない。理性はそれを実践的に使用するときにだけ、この問題にかかわることができる。

　第三の問いは、「私がなすべきことをしたなら、私は何を希望することが許されるか」と言いなおすことができる。つまり、道徳的な行為は「何に値するか」、さらに言いかえると、もし全知の神が存在するなら、道徳的な生き方はどう評価されるのか、という問いになる。

　ここでは、なにより実践的問題が理論的問題の基礎となり、そのことによってより高次の思弁的問題が導かれることになる（注・ここは、これまでの文脈が隠れているので分かりにくい。善悪の問題は、まず、道徳の本質を考察するという実践的問題であって、これが、いかに善を定義できるかという理論的な問題の基礎となり、そのことがまた、そこから現れるより高次の思弁的な問題の基礎となる、ということ）。

　およそ人間の希望というものは、「幸福」をめざしている。希望と道徳的な問題との関係は、知識と自然法則の認識との関係に等しい。知識の推論は、「かくかくのものが存在するので、

て幸福を目ざしている、また希望が実践的なものと道徳的法則とに対する関係は、あたかも知識と自然法則とが物の理論的認識に対する関係と同様である。希望は、けっきょく何か或《あ》るものが生起すべきであるから何か或るもの（可能的な究極目的を規定する）が存在するという推論に帰着する。また知識は何か或るものが生起するから何か或るもの（第一原因として作用する）が存在するという推論に帰着するのである。

出典：一七八一年刊。本文は『純粋理性批判（下）』岩波文庫（篠田《しのだ》英雄《ひでお》訳）によった。

可想界

ここに二つの物がある、それは――我々がその物を思念すること長くかつしばしばなるにつれて、常にいや増す新たな感嘆と畏敬の念とをもって我々の心を余すところなく充足する、すなわち私の上なる星をちりばめた空と私のうちなる道徳的法則である。私は、この二物を暗黒のなかに閉されたものとして、あるいは超越的なもののうちに隠されたものとして、私の視界のそとに求め、もしくはただ単に推測することを要しない。私は、現にこれを目《ま》のあたりに見、この二物のいずれをも、私の実在の意識にそのま

これこれがその結果として存在する」という形をとる。そして、希望の推論は、「かくかくのもの（最高善）が存在すべきであるなら、これこれ（神）が存在すべきである」、という形をとるのである。

ここに二つのものがある。それは――われわれがそれらについて長くまた多く思いをめぐらすほど、われわれの心を深い感嘆と畏敬の念で充《み》たすもの、すなわち、夜空にきらめく広大なる星辰《せいしん》と、内なる道徳的法則である。

　天なる星辰と自分の内なる道徳法則を、私はしばしみつめ、考える。そのとき、第一のものは、私を含めた全世界のはるか彼方、その全体を包括する計り知れない宇宙の全体と無窮の時間とを直観させる。

　また、第二のものは、私の人格性からはじまり、人間の悟性だけがそれを推論できる、われ

まじかに連結することができるのである。第一のものは、いま私が外的な感性界の中で占めている場所から始めて、私自身をもつないでいる連結の範囲を拡張して、もろもろの世界を超えた彼方の世界や体系の、そのまた体系を包括する測り知れぬ全体的空間に達し、またこれらの世界や体系の週期的運行と、その始まりおよび持続とをうちに包むところの無際限な時間に達するのである。また第二のものは、私の見えざる「自己」すなわち私の人格性に始まり、真実の無限性を具えて僅かに悟性のみが辛うじて跡づけ得るような世界〔可想界〕において、〔可想的存在者としての〕私をあざやかに顕示する。そして私は、この世界〔しかしまたこの世界を介して、同時に自余いっさいの可視的世界〕と私とのつながりが、第一の場合〔経験界〕におけるとは異なり、もはや単なる偶然的連結ではなくて普遍的必然的連結であることを知るのである。無数の世界群を展示する第一の景観〔自然界の〕は、動物的被創造者としての私の重要性なるものを無《な》みする。（中略）これに反して第二の景観〔可想界の〕は、叡知《えいち》者としての私の価値を、私の人格性を通じて無限に高揚するのである。道徳的法則はこの人格性において、動物性にかかわりのない――それどころか全感

われの経験と現象の世界を超えた「可想界」〔物自体の世界〕の本質を私に教えてくれる。そして、私の存在が、単なる偶然なる現象として存在しているのではなく、この可想界と絶対的な結びつきをもって存在していることを、私に深く理解させる。

天にきらめく広大なる星辰は、われわれに世界の無限性を直観させ、そのことで被造物としての私の存在の小ささを思い知らせる。しかし一方で、道徳的法則がもたらしてくれる「可想界」への想いは、理性と人格性をそなえた一個の精神的存在としての私の価値を、無限に高揚させてくれるのである。

道徳的法則だけが、動物性や感性からは完全に自立した人格的かつ精神的存在としての人間の本質のありようを、われわれに指し示す。われわれは、まさしく自分の内なる道徳法則の合目的性によってそのことを知る。そして、われわれの存在の内なるこの秘かな「目的性」こそ、われわれの生の意義を、この現象の世界を超えた場所（「来世」）にまで無限に押し進めてくれるものなのである。

とはいえ、星辰と道徳法則に対する驚きや畏

性界にかかわりのない生を私に開顕する。少なくとも、私の現実的存在がこの法則によって合目的に規定されているということから推知せられる限りでは、まさにこの通りである。そして私の現実的存在のかかる合目的規定は、此世《この》における生の条件や限界に制限されているのではなくて、〔来世にまで〕無限に進行するのである。

感嘆も尊敬も、確かに我々の探求を刺衝することはできるが、しかし探求の欠陥を補うことはできない。すると我々の探究を有効な、そしてまた対象の崇高さにふさわしい仕方で行うには、何を為《な》すべきであろうか。この場合に実例は〔先人の誤ちを繰り返さぬための〕警告として役立つが、しかしまた〔先人のすぐれた業績を学び取るための〕模倣〔の対象〕としても役立つであろう。我我の世界考察は、この上もなくすばらしい景観から始まった、人間の感官は、とにかくこの景観を我々に呈示することができるし、また我々の悟性は、かかる世界考察の達する限りの広大な範囲にわたって、どこまでもこの考察を追究するに堪えるのである。だがこの世界考察は、——ついに占星術に終わった。また道徳学は、人間の道徳的本性における最も高貴な特性〔道徳性〕をもって始

敬の念は、われわれの本性の探究がもつ困難を消し去ってくれるわけではない。われわれはこの探究を真に実りあるものとするために、何をなすべきだろうか。

まず、先人の残した探究の例は、なすべきことと習うべきことのよい手本となるだろう。

そもそも、世界に対する人間の根本的な考察は、一方で、上述したような天なる星辰の雄大なる景観への驚嘆から始まったが、それはしばしば、単なる占星術にゆきついた。また一方で、世界に対する考察は、道徳的本性への直観から始まったが、これもまた単なる狂信や迷信に落ち込むことが多かった。理性の使用についての考察がほんとうに深い理解に達しないとき、われわれの世界考察はそのような結果にゆきつくことになる。

理性の正しい使用というものは、例えば、われわれの歩行が幼いころから繰り返し試みられるうちに身につくといったようには、自然に身につくものではない。まして、ここでは、ふだんわれわれが使用しないような領域での理性の使用が問題となるので、ことさら難しさがある。しかし、その方法を見出《みいだ》すのにずいぶん時間が

まった、実際にもこの特性の発展と開発とは無限の功用を期待せしめる。しかしこの学は――ついに狂信あるいは迷信をもって終わった。研究の仕事の最も重要な部分が、理性の使用にかかわる試みであっても、もしその試みが粗笨《そほん》であれば、結果はいずれもこのようなものになるのである。理性の使用は、足の使用と異なり、ただ反覆使用したところで、おのずからその使用法が手に入るわけではない、まして理性の使用が、普通の経験においては、我々に直接に示されないような特性に関しては尚《なお》さらである。しかしたとえ遅かったとはいえ、およそ理性が心積りしている今後の歩みをあらかじめ十分に考量し、この歩みをこれまたあらかじめ十分に考量した方法の軌道の上を進行させるという研究上の格律が〔学問の世界において〕広く行われるようになってからは、世界構造〔宇宙体系〕に対する判断はこれまでとはまったく別の方向をとるようになり、それと同時に比類のない好結果を収めるに至ったのである。（中略）

一言で言えば、（批判的に求められ、方法的に始められた）この学〔道徳に関する〕は、知慧《ちえ》の教えに通じる狭き門である、なおここで知慧の教えとは、――我々は何を為《な》せばよいのかということに

かかりはしたものの、現在われわれは、科学という確実で正しい理性使用の方法を見出し、これを積み上げることによって、大きな成果をあげてきた（同様にわれわれは、理性を適切にもちいることで、これまでの困難を克服することができるのである）。

ひとことでいって、道徳についての正しい学は、「知慧《ちえ》の教えに通じる狭き門である」。「知慧の教え」とは、単に何をなすべきかを万人に教えるだけではなく、道徳の教師たろうとする人々にとって、何を道徳の規準とすべきかをもよく教えるものだ。道徳学は一つの学だが、この点において、なにより哲学によってその基礎が与えられるべきなのである。

一般の人々にとっては、道徳の本質についての細かな哲学的探究などは、あずかり知らぬものかもしれない。しかしこの学がよく実を結んだときには、万人がその教え（知慧）の豊かな恵みにあずかりうることを、私は疑わない。

関する教えを意味するだけでなく、知慧に到《いた》る道すなわちおよそすべての人が例外なく行くべき道を平坦にすると同時に、またこの道を識別し易くして、行路の人達が岐路に迷いこむことのないようにするためには、何が教師に規準として役立つかということに関する教えをも意味する。要するにこれ〔道徳学〕は、一個の学である、そしてこの学の保管者は、これまで通りやはり哲学でなければならない。この学における精細、綿密な研究は、一般大衆の与《あずか》り知らぬところである、しかしかかる学的研究が実を結んだあかつきに初めて彼等に明らかにされ得るところの教えには、彼等とても与らねばならないのである。

出典：一七八八年公刊。本文は『実践理性批判』岩波文庫（波多野《はたの》精一《せいいち》・宮本和吉《みやもとわきち》・篠田英雄《しのだひでお》訳）によった。なお〔　〕内は翻訳者による補足である。

◉哲学の問い…………　カントでは、最も徳ある人が最も幸福であるような世界が、「最高善」という理想状態だが、別の「世界の理想状態」が考えられるだろうか。

カントについて　一七二四―一八〇四

［人と時代］　堅実な信頼できる哲学者

カントの哲学はある意味で地味だ。華麗なキーワードもなければ、深遠な雰囲気もない。理念を情念たっぷりに語ることもなく、論敵を罵倒するような過激さもない。むしろその哲学は、「批判哲学」と呼ばれ、私たちが自分自身で考える力を吟味し、答えの出ない問いを際限なく繰り返すことや、見かけだおしの哲学的おしゃべりを控えることを促す。そんな堅実な「大人の哲学」がカントの哲学の魅力であり、信頼できるところだ。

イマヌエル・カントは一七二四年、東プロイセンの首都ケーニヒスベルク（現ロシア領、カリーニングラード）で生まれた。父は革具職人で、母は敬虔《けいけん》なキリスト教徒だった。貧しくても宗教的な優しさに包まれていた家庭だったと言われている。

一七四〇年にケーニヒスベルク大学に進むも、家が貧しかったため、同級生の勉強の面倒を見てお金を稼いだ。大学卒業後は家庭教師をしながら生活し、大学で教えるようになってからも「私講師」（聴講者の人数によって支払いが決められる。）という不安定な立場だった。カントの生活が安定するのは、一七七〇年、四〇代半ばになって、ケーニヒスベルク大学の哲学教授になってからのことだ。

若き日のカントは、ニュートンとライプニッツの影響のもと、自然学者として、学者のキャリアをスタートさせた。だが、一七六〇年代にルソーとヒュームの思想に出会い、「世界とは何か？」という問いから、「人間とは何か？」というテーマへと進んでいく。

「人間とは何か？」というカント哲学の中心の問いは、「三批判書」と呼ばれる『純粋理性批判』（一七八一年）の「私は何を知りうるか？」、『実践理性批判』（一七八八年）の「私は何を為すべきか？」、『判断力批判』（一七九〇年）の「私は何を望んでよいか？」、このそれぞれの問いでもって答えられることになる。

カントは、毎日決まった時間に散歩をし、その散歩に合わせて町の人が時計を合わせた、という逸話があるほど、生真面目な性格の人として知られているが、一方で社交を好み、講義もいきいきとしていて面白かったと言われている。ルソーの『エミール』を読んだ日は、日課の散歩を忘れるくらい熱中したという。

晩年は、身体的、精神的な衰えに悩まされたが、ケーニヒスベルク市民、全ドイツの知識人たちから愛されつつ、一八〇四年に亡くなった。

[思想]「事実の問いと、当為の問い」

まずカントと言えば「コペルニクス的転回」という言葉が有名。認識の構造についてのカントの独自の考えだ。対象が認識を作り出す（リンゴは赤くて丸いので、人は赤くて丸いものを見る）、これが普通の考えだが、カントはこれを、人間の認識能力が対象を構成する（色を見分ける能力があるので、リンゴは赤く見える）、と転換した。すなわち、対象が認識を可能にするのではなく、認識能力が対象を可能にする。この発想の転換が「コペルニクス的転回」である。

こういえば難しそうだが、この考えは、むしろ近代の自然科学の考えにかなっている。人間の視覚の構造が、対象の見え方を決めているということだからだ。だが、重要なのはこの先である。およそ認識は、認識の能力に依存している。人間の認識能力は完全でないから、世界の一切を正しく認識できるわけではない。完全な世界の総体は、いわば神のような存在だけが認識できる。これを「物自体」（世界それ自体）と呼ぼう。これが認識の「コペルニクス的転回」から現れた「物自体」の考えである。

まだ先がある。こう考えると、人間には、世界について知りうることと知りえないことがあることが分かる。認識の構造をはっきりつかめば、何が認識でき、何が認識できないものか、その区分線を明確に引くことができる。では何が知りえないことがらか。

なぜ世界は存在しているのか、神は存在するのか、人間は死んだらどうなるのか……。これらの問いは、伝統的に哲学固有の問いであり、「形而上学」と呼ばれてきたものだ。しかしカントによれば、まさしくこれらの問いこそ、決して答えられない問いなのである。

さて、これが「コペルニクス的転回」の大きな帰結である。この考えはつまり、これまで哲学が長く探究してきた根本主題には決して答えがない、という結論を置いたのだ。そこで哲学界は大騒ぎになった。哲学は、終わってしまうのか。これに対して、カントは次のようにいう。

神が存在するかしないか、死後の世界があるか。こういった問題についての正しい認識は存在しない。しかし、このような問題をどう考える〝べきか〟については、われわれはまだ考えることができる。つまりカントは、認識を、「事実についての認識」と、「当為についての認識」（いかにあるべきか）に明確に区別した。それが純粋理性と実践理性の区別である。

なぜこの考えが重要な考えだったのか。「当為」の認識とは、つまり人間の倫理の問いである。それまでこの問いは、すべてキリスト教の教えが受け持っていた。だが、ヨーロッパの近代は、キリスト教が没落してゆく時代だった。いかに生きるべきか、という問いを、宗教の教えの枠組みから完全に切り離して、人間の合理的な理性の働きだけから基礎づけること。これこそ、ヨーロッパ近代が必要としていたことだった。そしてカント哲学は、まさしくこの大きな課題に応えようとしたのである。

[本文解説]「道徳法則とその普遍性」

【純粋理性批判】 すでに触れたように、『純粋理性批判』でカントは、伝統的な「形而上学」にその不可能性を言い渡した。ここは、それにもかかわらず哲学の問いがまだ可能であることを説明しているところで、カント哲学の全体像をよく表している。

およそわれわれの理性は何のために用いられるのか。第一に、世界のありようを正しく客観的に認識すること。しかしこれは限界をもっている。第二に、自分が「何をなすべきか」という「当為」(べき)の問い、すなわち道徳、あるいは倫理の問いに答えること。これは事実認識の問いではなく、人間の価値についての問いだから、純粋理性とは別の枠組みを必要とする。カントは『実践理性批判』でそれを示すが、その大きな枠組みは以下である。

事実を正しく認識する方法は、自然科学が整備してきた。仮説を立て、それを実験や実証で繰り返し確証してゆく、という方法である。しかし、人間が「いかにあるべきか」という当為の問いについては、科学の方法ではまったく近づけない。そこに近づくには、われわれはまず、「善」とは何かを定義しなければならない。そしてそれは可能である。

誰がいつ行っても、誰をも害することなくむしろ誰かを益するような行為、そのような行為は、つねに善といえる。この善の定義をカントは「道徳的法則」と呼ぶが、次のように定式化されている。「君の意志の格律が、常に同時に普遍的立法の原理として妥当するように行為せよ。」

これは、善は、主観的な善(自分にとっての善)ではなく、誰にとっても当てはまる(妥当する)「普遍的な善」でなければならない、という意味である。

そして第三に、この定義が確定するなら、われわれはそこから、神の存在や、最高善という理念の問題を適切に考えることができる。そうカントはいうのである。

ここに、カントの「当為」の理論、人間的価値の理論の中心点がある。これは、自分が「善＝よい」と考えることが、ほんとうに普遍的な善であるかどうかをつねに検証せよ、という命令と考えてもよいだろう。

【実践理性批判】 天に輝く星辰と、自分の内なる道徳律（道徳法則）、この二つのものへの尽きぬ尊敬と驚異の念が、カントの墓碑銘として刻まれていることはよく知られている。カントにとって、道徳的な価値をもつことこそ、人間存在の本質だった。

この箇所は、第二の批判書でこの問題を論じきったのち、自分の道徳思想の意味を大きく総括しているところである。人間は、自分にとって固有な道徳的価値の本質を直観的に理解している。だが理性を正しく使用できないとき、それは宗教思想や極端な神秘思想へと姿を変えて、誰もが共有できるものとはならない。自分が示そうとしたのは、理性の正しい使用の方法ということであって、これこそ新しい時代の人間哲学において必要とされているものだ。そういうカントの主張がよく伝わってくる。

［未来への架け橋］ 無用の信念対立を超え出ること

カントの最大の功績は、人間の理性の本性をとことん考えつめ、そのことでキリスト教に代表される古い「形而上学」の不可能性をはっきり証明した点にある。その上で、彼は、近代人にとって「道徳」の本質がどうあるべきかを哲学したが、彼の道徳の考えには極端なところもあって、さまざまな批判を呼ぶことになった。しかし、にもかかわらず、カント哲学の現代的意義は限りなく大きい。

人間の理性には、知りうることと知りえないことがある。哲学はその領域、またその理由をはっきりさせることができる。これが、カント哲学の最も重要なポイントだが、人がこの「原理」をほんとうに深く納得できれば、そのことはどれほど人間を聡明にするかはかり知れない。

現代に生きるわれわれはまだ、個人的な関係においても、社会的な関係においても、さまざまな信念の対立を作り出している。カントならそれを、「正しい答え」が存在しないのに存在すると思いこんでいることからくる無用の対立だというにちがいない。カントの理を深くうけとることができれば、われわれは、さまざまな信念対立を克服する新しい考え方へと踏み出すことができるだろう。

●哲学の問い……考えるヒント　ヘーゲルは、最も道徳的な人が最も幸せ、というカントの最高善の理想を批判した。ここでは人間の「自由」という本質が軽視されるというのだ。ところで、人間の理想的な状態という点からみて、道徳や自由のほかにどんな大事なものがあるだろうか。

●読書案内　『カント　信じるための哲学――「わたし」から「世界」を考える』石川輝吉《いしかわてるきち》（ＮＨＫブックス）

ドイツ観念論

フィヒテ（一七六二－一八一四）　シェリング（一七七五－一八五四）
ヘーゲル（一七七〇－一八三一）

「観念論」と聞くと、現実の世界に即さない、頭の中だけの考えに固執する立場のことと思うかもしれない。だが、観念論の本義は、「人間の世界認識は、根本的には（知性をつかさどる）観念の中で成立する」という主張にある。だから「観念」を思考の出発点にすれば、人間の本質も世界の本質も、ただしく認識できるはずなのである。

　ドイツ観念論という思想の流れは、カント哲学の影響のもと、一八世紀末から一九世紀前半にかけて形成された。その中心を担ったのが、フィヒテ、シェリング、ヘーゲルの三人だ。彼らは皆、ある最も根本的な原理を立て、そこから自然世界も人間世界（精神）をも体系的に説明しようとした。

　フィヒテの原理は「絶対自我」。彼は、「主観が世界を構成する」というカントの観念論をさらに徹底しようとした。一切を「自我の働き」というところから考えよう。すると、客観世界はあくまでも、自我の働きのなかで、「自我でないもの（非我）」として認識される。そう考えると、私たちの知の働きとはまったく無関係な世界など想像すらできない。これはのちの現象学の立場にも通じる卓見だといえる。

　シェリングの原理は「絶対的同一性」。フィヒテにとって自然は自我（精神）に対立するものだった。他方シェリングは、精神と自然は本来つながり合っている、と主張する。自然のうちには精神的なものがある。生命がそれだ。生命は自己の成長や維持のために、自ら活動するからだ。逆に、精神のうちにも自然が見出《みいだ》せる。芸術活動がそれだ。天才が作った作品には、当人の自覚を超えた無意識的なものが表現されているからだ。彼の哲学は総じて、世界を調和的なものと捉える、当時のロマン主義の世界観をよく表現している。

　ヘーゲルの原理は「絶対精神」。ヘーゲルが最も重視したのは歴史だった。人間精神は自由であろうとする本性をもつ。それゆえ歴史は、偶然的な出来事の積み重ねではなく、むしろ人類が未熟な状態から抜け出し、誰もが自由に生きられる社会を作り上げていく過程である。歴史において理性が実現する、このヘーゲルの主張において、近代哲学の歩みは頂点に達したのである。

主人と奴隷／自由意志

奴隷こそ自由になる　　真の自由とは何か

ヘーゲル［精神の現象学／法哲学］

人間も動物も、欲望に動かされ、欲望を実現しようとして生きる。しかし人間は、自分のなかのもろもろの欲望に〝態度をとる〟ことができる。未来の暮らしを考慮に入れたり、周りの人々との調和を考えたり、また「自分が本当に望むものは何か」とあらためて考えて、選択することができる。

主人と奴隷

奴の畏怖と奉仕

（中略）奴であることに対しては主が本質であるから、自立的な自分だけで存在する意識（主）が奴であることにとって真理であるけれども、しかし最初にはこの真理は奴であることに対するものであっても、まだ奴であることに即してある（具わる）ものではない。しかしながら奴であることも純粋の否定性と自分だけでの存在というこの真理をじっさいには自分自身に即して具えている。なぜなら、奴であることがこの本質を己において（身をもっ

◆解読

［人類の歴史のはじまりを、ヘーゲルは次のようにイメージした。――人と人は、「自分は自立した自由な存在だ」ということを相手に認めさせようとして、闘うことになる。そして勝ったほうは主人となり負けたほうは奴隷となる、と。以下はこの主人と奴隷の不平等な社会関係を描いたものだが、ヘーゲルは意外なことに、奴隷のほうにこそ人間としての発展の可能性がある、という。］

奴《ど》は主人のありように完全な「自立的存在」をみて、それを自分もそうあるべき「真理」（本質）と考えて憧れる。しかし、自分はみじめな現実のなかにある。だがじつは、本来の自立性（自由）という可能性を、自らのうちにもっているのは、むしろ奴のほうである。つまり、真の自立性の「契機」（要因）はかえって奴のありかたに潜んでいる。それは、奴が、奴としてのきびしい経験をもつことによって生じたものなのである。

　まず、奴は、主の実力による威力、つまり死によって脅かされることによって奴となったのだが、まさしくこの主人からの「死への畏怖」

て）経験したからである。

即ち奴の意識は死という絶対的主人の畏怖を感じたのであるから、「このもの」又は「あのもの」についてだけではなく、また「この」瞬間又は「あの」瞬間にだけではなく、己れの全存在について不安をいだいたのである。かく畏怖を感ずることにおいて奴の意識は内面深く解消せられ、心中動揺せぬところとてはなく、心中一切の執着を震撼《しんかん》せられたのである。ところでこの純粋で遍《あま》ねき運動、あらゆる存立せるものの絶対的な流動化こそは自己意識の単純な本質、絶対否定、純粋な自分だけの存在（対自存在）であるから、この存在はこの奴という意識において、即してあることになるのである。しかしこの純粋な自分だけの存在という契機はこの意識に対してもまたあることになる。なぜなら、主においてこの契機はこの意識にとって自分の対象だからである。さらにこの意識はただ単に漠然とかかる普遍的な解消であるだけではなく、奉仕においてかかる解消であることを現実に実行しもする。奉仕することにおいて、この意識は自然的な定在への己れの執着をあらゆる個々の契機に関して撤廃し、この定在を労苦をもって除去するのである。

によって、奴は、「自己意識の純粋な自立性」（いわば「実存」の契機）を自覚するきっかけをもつ。

奴は、主と奴の戦いで死への強い怖れを経験する。この経験は、日常におけるそのときどきの不安といったものを超えて、自分の存在全体を脅かす根本的な不安として奴を震撼《しんかん》させたのだ。そして、そのことで奴は、自分の「自己意識」というものの純粋な本質、他なるものをつねに否定しつつ流れてゆく自己存在の意識、すなわち自己意識の「絶対的な否定性」という本質を、潜在的に自覚するのである。不安と畏怖の深刻な経験から現れる、この自己存在の「絶対性」の自覚は、死を恐れず、やみくもに自分の「自立」と「自由」をめがけていた主には現れなかったものだ。

それだけではない。奴は、この絶対的な自己意識の本質を、「奉仕」つまり労働の経験によって、潜在的なものとしてだけではなくじっさいに実現してゆく可能性をつかむ。なにより、ここで労働は、奴に、そのつどの欲望への執着を我慢し、将来のためにそれを先延ばしすることを教えるからである。

奴の形成の労働

しかしながら〔畏怖において〕絶対的な威力を全般的に、奉仕において個別的に感ずるということは解消ではあっても、この解消はただ自己における〔即自的な〕ものであるにすぎない。もちろん「主に対する畏怖が知恵の初めである」にしても、かかる知恵においては意識は自ら対自的ではあっても、対自存在〔自分だけでの存在〕ではない。しかるに労働を媒介とすることによって意識は己自身に至るのである。さて主の意識における欲望に〔奴の意識のほうで〕対応する契機においては、たしかに奉仕する意識には物への非本質的な関係という側面があてがわれているように見えた。なぜなら、物はこの関係においては自立性を保持しているからである。しかるに主の欲望は対象の純粋な否定を自分のために取っておき、これを独り占めにし、またそうすることによってまじりけのない自己感情をうることをも独り占めにしたが、だからこそ、この満足はそれ自身ただの消失であるにすぎない。なぜなら、この満足には対象的な側面或《ある》いは存立が欠けているからである。これに対して労働は欲望の抑制であり消失の延期であ

すでに見たように、「死への畏怖」によって、奴に自己の存在の絶対性を自覚するという契機〔実存の契機〕が生じる。それははじめは潜在的なものにすぎないが、奴は、「労働」の経験によって自己の自立性を現実的なものとしてゆく可能性を見出《みいだ》すのだ。

さきの主奴関係では、物に対して自立的関係〔物を自由に支配している〕をもっているのは主であるように見えていた。しかしこの支配はじつは奴の労働のおかげによるものであり、実質的には、主はただ奴を支配することを通してのみ、物を享受しているわけだ。ここには人間主体が物に働きかけることでそれを享受する、という実質的な関係は存在しない。

これに対して、奴は労働によって物を「形成する」。人間の労働は、一方的に物を否定する〔消費する〕のではなく、そのつどの欲望を抑制して消費を延期し、これをより有用なものへと形成する。その結果として人間は自然を支配するのだ。このことによって労働は持続的な成果を生み出し、人間は物との間に現実的で安定した関係を作り出す。労働の経験、つまり実際

る、言いかえると、労働は形成するのである。ここに対象への否定的関係は対象の形相となり、そうして持続的なものへと転ずる。なぜなら、労働するものに対してこそ対象は自立性をもつからである。労働することというこの否定的な媒語または形成する行為も同時に個別態であり、言いかえると、意識の純粋な自分だけでの存在ではあるが、労働の成果となると、この自分だけでの存在も今や自分のそとに出て持続するものの境地のうちに歩み入る。だから労働する意識はこうして自立的な存在を自分自身だとして直観するに至るのである。

出典：一八〇七年公刊。本文は『精神の現象学・上』岩波書店（金子《かねこ》武蔵《たけぞう》訳）によった。なお［　］内は翻訳者による補足である。

自由意志

§五

意志は［α］（中略）純粋な無規定性、すなわち、（中略）純粋な自己反省、という要素をふくむ。

この純粋な無規定性、自己反省のなかでは、どんな制限も解消

に物を形成するその力を身につけることをとおして、奴は、自己の自立性（自由）の本質を直観するのである。

こうして、はじめはただ主の一方的な支配のもとにあると見えた奴は、「労働」を通して本質的な意味での自己発見を行い、「自分自身の精神」の自由を自覚する存在となるのである。

［自由な意志とは、あらゆることを度外視できる人間の能力に基づく。しかし自由を実感できるためには、ただ度外視するだけでは足りない。ここでヘーゲルは人が真に自由であるために必要なこととして、三つの契機（本質的な要素）を挙げている。

なお、「追加」とは、ヘーゲルの講義を聴講した学生のノートから採ったものである。］

§五

している。つまり、自然によって、もろもろの必要・欲望・衝動によって直接に現存しているどんな内容も、あるいは、何によってであれ与えられた特定のどんな内容も解消している。

つまり意志は、いっさいを度外視する絶対的な抽象ないし絶対的な普遍性という、無制限な無限性であり、自己自身の純粋な思《し》惟《い》である。（中略）

追加

［抽象的な自由］意志のこの要素のうちに、私があらゆるものから自分を解き放し、すべての目的を放棄し、いっさいを度外視しうる、ということが存する。

ひとり人間のみがいっさいを、おのれの生命をも放棄しうる。人間は自殺を行なうことができる。動物はこれができない。（中略）

§六

［β］自我はまた、区別なき無規定性から区別立てへの移行であり、規定することへの、そして、ある規定されたあり方を内容と対象として定立することへの移行である。（中略）

意志の普遍性の契機

意志の第一の契機（本質的な要素）は（α）「純粋なまったくの無規定性」、すなわち何にも規定されず拘束されないこと、である。これは「自我の自己内反省」、つまり、一切を度外視してひたすら自分のなかに入り込む能力、ともいいかえられる（つまり、もろもろの欲望に引きずられずそれらをコントロールできる。また、性別や年齢などの具体的な属性を無視して「私は私だ」と語ることができる）。この契機は「絶対的な捨象」「絶対的な普遍性」「無制約な無限性」「自己自身の純粋な思惟《しい》」などと呼ぶことができる。

追加［抽象的な自由］

意志にはこの「純粋なまったくの無規定性」という要素があるからこそ、私はすべての目的を放棄し一切を度外視できるのである。人間だけが、自分の生命すらも放棄し自殺できる（しかしこれはまだ、抽象的な自由でしかない）。

§六

意志の特殊性の契機

第二の契機は「意志の特殊化」である。（β）

自我はこのように自己自身をある規定されたものとして定立することによって、現存在一般のなかへ踏み入る。――これが自我の有限性ないし特殊化という絶対的契機である。（中略）

追加

［意志の特殊化］（中略）意志は、前節で説明したように、ただ抽象的に普遍的なものしか欲しないとするなら、それはなにものをも欲しないのであり、それゆえなんら意志ではない。意志の欲するものである特殊的なものは、一つの制限である。というのは、意志は、意志であるためには、総じておのれを制限しなくてはならないからである。意志はあるものを欲するということが、制限であり、否定である。（中略）

§七

［γ］意志は、この［α］と［β］の両契機の一体性である。すなわち、特殊性が（中略）普遍性へと連れ戻されたあり方、つまり個別性である。いいかえれば、それは、自我が自分を、自己自身の否定的なものとして、つまり規定され制限されたものとして

自我は前節の「区別なき無規定性」から外に出て、区別を立て規定することへと進まねばならない。自我は、自己自身をなんらかの規定されたものとして定立する（例えば教師になろうと決める）ことによって、現実世界へと足を踏み入れる。これは自我の有限性ないし特殊化と呼ばれる契機だが、これもまた絶対に必要な重要な契機である。

追加［意志の特殊化］

意志は自分のなかに閉じこもっていたり、何か抽象的な普遍的なものしか欲しないのなら、何物をも欲しないのと同じであり、意志とはいえないことになる。意志は何か特殊なもの、「何かあるもの」を欲しなくてはならないが、これは前段の普遍性の契機からみれば一つの制限であり、普遍性の否定である。

§七

意志の個別性の契機

（γ）意志はさらにαとβの両契機の統一であり、特殊性が普遍性へと連れ戻されたあり方である。つまり、自我が自分を、何かある規定さ

定立しながら、同時に、依然として自分のもとに、つまり自分との同一性と普遍性のうちにありつづけ、したがって規定のなかで自分をただ自己自身とのみつなぎ合わせるという、自我の自己規定である。（中略）

追加

[自由の具体的概念]（中略）われわれはこのような自由をすでに、感じの形式において、たとえば友情と愛においてもっている。友情や愛においては、われわれは一面的に自分のうちにあるのではなくて、他のものへの関係においてすすんで自分を制限し、だがこの制限するなかで自分を自己自身として知る。規定されているのに、人間は自分が規定されているとは感じないのだ。かえって、

れたあり方へと制限しながらも（＝特殊性の契機）、同時に、依然として自分のもとに、つまり自分の同一性と普遍性のもとにある（＝普遍性の契機）というあり方のことである（例えば私が教師となったとしても、特定のあり方に縛られて不自由になるのではない。私はその仕事を一般的な視点からみて「意義あるもの」にしようと工夫し、満足を得ることができる）。この特殊性と普遍性との統一を「個別性」という言葉で呼ぶことにするが、このように、なんらかの制限のうちに身を置きつつもその制限のうちに自分自身を見出すとき、人は真に自由といえるのである。

追加

[具体的自由]

われわれはこのような具体的自由を、感情のかたちでは友情や愛という仕方でもっている。友情や愛においては（相手を思いやって相手の喜ぶことをしたり、自分自身の欲求を抑えたりするが）、しかしそうした制限されたあり方を自分から疎遠なものとしてではなく、まさしく自分自身であると感じる。（友人や恋人のような）他

他のものを他のものと見なすことによって、そこにはじめて自己感情をもつのである。

出典：一八二〇年公刊。本文は『法の哲学Ⅰ』中公クラシックス（藤野渉《ふじのわたり》・赤沢正敏《あかざわまさとし》訳）によった。

◉哲学の問い…………「自分がやりたいようにやりたい」という自由の欲求と、集団が要求してくることとのバランスを、あなたはこれまでどんな仕方でとってきただろうか。そもそも、どんな仕方でとることが望ましいのだろうか。

者はたしかに他者ではあるが、この他者のなかに私は自分自身であるという感情をもっているのである。

ヘーゲルについて　一七七〇―一八三一

［人と時代］近代哲学の完成者

一六世紀にデカルトから始まったヨーロッパ近代哲学の流れは、一九世紀初めにヘーゲルにおいて完成されたと言われている。ヘーゲルがそれ以前の哲学者の思想をすべて受け取り、一つの巨大な思想体系にまとめあげたからだ。その思想の核となっているのは、「人間はどうすれば自由になれるのか」ということである。

近代以前の中世世界に生きる人々は、封建領主とキリスト教会の二重の権力によって肉体と精神の両面から支配され、自分の生に自由を感じることはなかった。しかし、ルター、カルヴァンの宗教改革、それに続く宗教戦争を経て、教会権力はそれまでの絶対的な権力を失っていった。また、封建領主も貨幣経済の進展や戦乱の中で弱体化し、大商人や金融家の力を借りなければならなくなっていった。思想的にも、神に代わって人間の理性こそが普遍的なものだという「啓蒙《けいもう》主義」が現れ、普及し始めた。こうした中で、徐々に人々の間に「自由」への意識が芽生えていく。

ヘーゲルは、封建社会から市民社会への転換を目の当たりにしていた。「歴史が進展していくことで人間は必ず自由になれる」。彼はこの実感をもとに、自らの思想を体系化していった。

ヘーゲルの「人間の自由」を実現したいという強い思いは、青年期に育まれたものだ。一七七〇年ドイツに生まれ、一七八八年チュービンゲン大学の神学部に入学。翌一七八九年にフランス革命が起こる。自由と平等を旗頭に掲げた革命勢力が、約二百年にわたってフランスを支配してきたブルボン朝を打倒し、新たな市民政府を樹立したのである。新たな時代を渇望する若き知識人たちは、革命の成功に熱狂した。ヘーゲルも例外ではなかった。チュービンゲン大学時代の彼のフランス革命への心酔ぶりを示す次のようなエピソードがある。ある晴れた春の日曜日の朝、ヘーゲルは自分と同じくフランス革命の理念に深く共感する数人の友人とともにチュービンゲン郊外の野原に出かけていき、そこにフランス革命の例にならって〈自由の樹〉を植えたのである。

フランス革命については、市民政府の樹立後、恐怖政治に転じ、やがて批判的な声も多く聞かれるようになった。しかしヘーゲルは、『精神現象学』の中で恐怖政治を厳しく批判するものの、「フランス革命」自体は理性の力で自由と平等を実現した偉大な出来事であるとして、終生、その歴史的意義を高く評価した。

［思想］自由のもたらす困難にどう対処するか

しかしヘーゲルは自由の素朴な礼賛者ではなく、「自由な社会」にさまざまな困難が生じてくることをよく知っていた。その第一は、社会とのつながりと生きる意味の問題である。中世の人々は他者や共同体とのつながりがおのずと与えられ、そのなかで人は生きる意味を得ていた。しかし近代の自由な個人はしばしば、つながりも生きる意味も見失ってしまう。第二に、思想の自由は正義の信念の対立をもたらし、ときにフランス革命の恐怖政治のような凄惨な暴力となる。第三に、経済の自由は極端な貧富の格差をもたらす。これらの困難に、独自の人間論に基づいて解答を与えようとしたのが、ヘーゲルの哲学である。

ヘーゲルの主著『精神の現象学』は、近代に至るまでの人類の歴史的な歩みを語ったものだが、それを一人の〈意識〉が経験を積んで成長していく「成長物語」の形で描いている。意識は自分なりの「世界の見方と生き方」をもっているが、予想しなかった事態に出会って挫折する。しかしその挫折を乗り越えて、より高次な世界の見方と生き方を身につけることでより自由になっていくのである。

その「自由になろうとする」仕方は、対自然と対社会とでは異なる。自然に対しては、森を切り開き田畑を耕すこと（労働）によって、また自然の諸現象を統一的な理解にもたらすこと（科学）によって、自然を見知らぬ疎遠なものから、親密で利用しうるものへと変えてきた。

しかし、他者や社会との関わりはもっと複雑である。そこでは「自己価値と承認」ということが主題となるからだ。人は身体の快を求めるだけでなく、「自分は価値ある存在だと確信したい」という非常に強い欲望（自尊心。編著者の一人竹田は〝自己価値〟と呼ぶ）をもつ。しかし自己価値は自分一人では確信できず、他者からそれを承認してもらわなくてはならない。この「自己価値の他者からの承認」の欲望は、最初は自己と他者との競争的で相克的な関係をもたらすが、最終的に調和的な関係を見出《みいだ》すまで、意識は長い道のりを歩んでいく。その大筋を取り出せば、次のようなものになる。

① 〈承認をめぐる死を賭けた闘い〉から〈主と奴〉へ

自分の価値を相手に認めさせる手っ取り早い方法は、戦って相手に勝つことだ。その際「死んでもプライドを貫くぞ」と思った側は勝って主人となり、「命も大事だ、死ぬのは怖い」と思った側は負けて奴隷となる。こうして〈主人と奴隷〉という非対称で不平等な承認関係ができる。

ここでは、国家以前の状態（自然状態）から奴隷制の国家ができるまでが念頭に置かれているが、現代でも、この「競争による自己価値の承認」は、スポーツのような一定のルールのもとでの競争としてあり続けている。

②〈自己意識の自由〉

「世間の人々は権力や富をめぐる競争に一喜一憂するが、そんなのはバカバカしい。競争の奴隷になるだけではないか」と思う意識が次に登場する。この意識は、他者からの承認を不要とみなし、自分を自分で承認して、自分こそ自立した存在だと思い込もうとする。しかし次第に、他者からの承認がないと空しいことに気づいていく。

③〈事そのもの〉

ここでも「他者からの評価承認など意味はなく、自分だけ満足すればよい」と思い、純粋に自分の作りたいものを作ろうとする意識が登場する。しかし他者が自分より優れた作品を作っているのを見れば、やはり無視できなくなる。そこから、誰もが認めるようなほんとうに価値のあること（ほんものの芸術、ほんものの教育など）をめざそう、という思いが出てくる。つまり、他者たちからの批評を受けつつ、〈事そのもの＝ほんものの仕事〉を作り出そうと意志する地点に、意識は到達するのである。この姿勢は、社会を構成する仲間の共通利益（ルソーの一般意志）を考えながら生きる公共的な姿勢にもつながっていく。

このヘーゲルのストーリーは、自由への欲求が、生の意味の喪失ではなく、他者とともに生の意味を創造する道を歩むことができることを、示したものといえる。

［本文解説］自由な否定性こそ人間精神の本質である

【精神の現象学】 本文前半は〈主と奴〉の箇所から採った。主人は対自然関係においては、奴隷に労働させてただ消費すればよいし、対人関係においても奴隷から主人として承認されている。こうして主人は何にも依存せず自由で自立しているように見え、奴隷も自立した主人に憧れている。しかし精神的な存在としての発展性はじつは奴隷のほうにある、というのがここでのストーリーである。

奴隷は「言うことを聞かねば殺す」と脅され死の恐怖を日々実感しているが、そうすることで動物的なそのつどの快苦への執着を断ち切られ、「絶対的な否定性」という精神の本質を自覚するようになる、とされる。そのつどの欲望や快苦に縛られず、それらに対して自分なりの〝態度をとれる〟ことが「否定性」と呼ばれ、人間の自由な選択を可能にする点で人間精神の根本的な特性とされる。

しかし、死の自覚がなぜ否定性の自覚につながるのか。本文の説明はわかりやすくないが、「自分はいつか必ず死ぬ」と自覚すると、そのつどの快苦に左右されず「自分の人生をどう生きるか」という視点から行為を選択できるようになる、というふうに考えてみるとよい。

さらに奴隷は、この否定性の自覚をただ内側に抱くだけでなく、労働という行為でもってそれを外に表し出す。具体的には、森を田畑に変えたり壺《つぼ》を作ったりするのだが、労働は、将来のためにそのつどの欲望を遅延（ガマン）する点で否定性の発揮であり、さらに、もとの自然を否定してそれらに形を与えることでもある。このように労働によって、人間精神の本質としての自由な否定性が、耕された田畑という仕方で目に見えるものとなり、奴隷は自らの自由をはっきりと自覚するが、他方の主人は消費するだけでこの自覚には至らない。

【法の哲学】 本文後半では、この「否定性」が自由意志の三つの契機として詳説されている。ていねいに読めば難しくないが、あらためて整理しておく。①人は一切の欲望や性別・年齢など具体的な規定性を度外視できる自由をもつ（あらゆる欲望と規定性の否定）、②しかし何かを選択して自分を有限な具体的なものにする（例えば何かの職業に就く）ことをしないなら、自由であるとはいえない（①の抽象的な自由の否定）。③人が何の役割を選択したとしても、それに埋没してしまうのではなく、自分なりに〝態度をとる〟ことができる。例えば自分の仕事を社会的にみて意義あるものにしようと絶えず工夫することもできる。これが具体的な真の自由である（①と②との結びつき）。

［未来への架け橋］ 誰かとともに未来を創る

ヘーゲルはいう。あらゆることを決めずに引きこもっているのは真の自由ではない。他者と関わり何かを行為しなくてはならない。関わるなかで「自分を含む皆にとって、真に価値あることは何か」を考え合い、自分の仕事をよりよいものにしようとして工夫することができる。そこにこそ自由がある、と。この考え方は、私たちが未来を創っていくときの、よすがとなるだろう。

◉哲学の問い……考えるヒント まず、自分の想《おも》いをていねいに確かめてみる。人は自分の想いをよく分かっていないことも多いからだ。次に集団の人々の想いをよく考えてみる。可能ならば、じっさいに互いの想いを出し合ってみるとよい。すると「どうするのがいちばん自分にとってよいか」が見えてくるはずだ。

●読書案内 『超解読！ ヘーゲル『はじめての精神現象学』』竹田青嗣・西研（講談社現代新書）

無限性と有限性の絶望

夢に走るか、世間の一人になるか

キルケゴール［死に至る病］

人間という存在は、可能性と必然性との間で、また無限性と有限性との間でかろうじてバランスをとって生きている、とキルケゴールは考える。そしてこのバランスが傾くところに、無限性の絶望や有限性の絶望というものが生まれてくるという。

想像的なものとは、一般に、人間を無限なもののなかへ連れ出して、ただだんだんと自己自身から遠ざけるばかりで、そうして、人間が自己自身に帰ってくることを妨げるものである。

このようにして、感情が想像的になると、自己は、ますます稀《き》薄《はく》になっていくばかりで、おしまいには、一種の抽象的な感傷になってしまうが、そのような感傷は、非人間的にも、いかなる人間のものでもなく、たとえば、抽象的ナ人類といったような、なにか抽象体の運命に、非人間的にも、いわば多感な同情を寄せるものなのである。リューマチを病んでいる人は自分の感覚的な感

◆解読

〈可能性と必然性〉・〈無限性と有限性〉の間

想像によって生みだされるものは、一般に、人間を（宇宙のはるかな広がりや人類の運命のような）無限なもののなかに連れ出して、だんだんと本来の自己自身から遠ざけ、人間が自己自身に帰ってくることを妨げるものである。

まず「感情」が想像的になる場合を考えてみよう。そうなると、自己はますます稀《き》薄《はく》になり感傷的になって、まったく非人間的なことだが、具体的な隣人のことではなく人類の運命のよう

じを自由に支配することができずに、その感じが気流やお天気に左右されていて、気象の変化が起こったりなどすると、知らず知らずそれを身に感ずるものだが、感情が想像的になった人の場合も、それと同じである。彼は或《あ》る仕方で無限化されるが、しかし、ますます自己自身になるというふうな仕方で無限化されるのではない、なぜなら、彼はますます自己自身を失っていくのだからである。

　認識が想像的になる場合も同じことである。認識に関する場合の自己の発展の法則は、自己が自己自身になるということが真実であるべきであるかぎり、認識の上昇の度合いは自己認識の度合いに相応するということであり、自己は、認識を増せば増すほど、それだけ多く自己自身を認識するということである。認識がこのようにおこなわれない場合には、認識は上昇すればするほど、ますます一種の非人間的な認識となり、この非人間的な認識を獲得するために、人間の自己が浪費されることになる。それはちょうど、ピラミッドの建設のために人間が浪費されるようなものである。（中略）

　意志が想像的になる場合にも、同じように自己はますます稀薄

な抽象的なものに多感な同情を寄せて、心を痛めるようになる。それは、リューマチを病んでいる人が過度に鋭敏になってわずかな気象の変化を感ずるのと似ている。彼はある意味で無限化されるが、しかしそれはますます自己自身になるという仕方ではなく、むしろますます自己を失っていくのである。

「認識」が想像的になる場合も同じである。認識に関しては、認識が発展すると同時に自己がますます自己自身になっていく、ということが真実でなくてはならない。つまり認識が増せば増すほどそれだけ自己認識が深まる、ということが本来の認識である。しかし認識がこのように行われない場合には、認識は上昇すればするほどますます一種の非人間的な認識となり、この非人間的な認識を獲得するために人間の自己が浪費され失われることになる。それはちょうど、ピラミッド建設のために人間が浪費されるのと同じである。

「意志」が想像的になる場合にも、同じく自己はますます稀薄化されていく。この場合には、意志は（例えば、全人類の未来に貢献したい、というふうに）だんだん抽象的になっていくが、

化されていく。この場合、意志は、だんだん抽象的になっていくが、それと同じ程度にだんだん具体的でなくなっていく。したがって、意志が企図と決意において無限化されればされるほど、意志はそれだけますます、いますぐに果たされねばならぬ仕事の小さな部分のなかにいて、まったくそれにばかり気をとられ、いつもそれといっしょにいることになってくる。（中略）

このように感情か認識か意志かが想像的になると、ついには、自己全体が想像的となりかねなくなる。（中略）その場合、自己は、絶えず自分の自己を欠き、だんだんと遠く自己から離れていって、抽象的な無限化のうちに、あるいは、抽象的な孤立化のうちに、想像的な生き方をするのである。（中略）

ところで、一方の種類の絶望は、無限なもののなかに落ち込んで自己自身を失うのであるが、これに対して、他方の種類の絶望は、いわば自分の自己を「他の人々」に騙《かた》り取らせるのである。そのような人間は、自分の周囲にいるたくさんの人間の群れを見ているうちに、さまざまな世間的な俗事に忙しくたずさわっているうちに、世の習いを知って世故にたけてくるにつれて、自己自

それと同時に具体的なやるべきことを見失っていく。したがって、意志が企画と決意において無限化されて無限なものに向かおうとすればするほど、意志はそれだけいますぐ果たさねばならない仕事の小さな部分に気を取られてしまって、何もできないということになる。

このように、感情か認識か意志かが想像的になると、ついには自己全体が想像的となりかねなくなる。つまり自分の自己から離れていって、抽象的な無限なもののうちに想像的に生きようとするのである。これはまた、一人で無限なもののなかに落ち込むのだから、「孤立化」をも意味するだろう。

このように「無限性の絶望」とは、無限なもののなかに落ち込んでしまって自己自身を失うこと、であったが、これに対して「有限性の絶望」は、いわば自分の自己を他の人々に「騙《かた》り取らせる」（＝世間の人々が自分について語る評価や評判を自分自身だと思い込もうとする）のである。そのような人間は、自分の周囲にいるたく

身を忘却してしまい、自分が（神的な意味において）どういう名前のものであるのかも忘れ、あえて自己自身を信じようとせず、自己自身であろうなどとはだいそれたことで、他の人々と同じようにしているほうが、猿真似をしているほうが、数の一つとなって群衆のなかに交じっているほうが、はるかに気楽で安全だと思ってしまうのである。

　ところが、この形態の絶望には、世間の人は少しも気づいていないといっていいくらいである。そういう人間は、そのようにして自己自身を失ったからこそ、商取り引きをうまくやってのける達者さを、いや、世間で成功するだけの達者さを、かちえたのである。（中略）そういう人は小石のように研ぎ減らされ、流通貨幣のように流通する。彼は絶望していると見なされるどころか、彼こそまさに人間らしい人間なのである。（中略）

　有限性の絶望とは、まさにこのようなものなのである。こういうふうに絶望していればこそ、人間は（中略）ひとかどの人間として見られ、他の人々から賞讃《しょうさん》されたり、尊敬されたり、名声を博したり、あらゆる時間《このよ》性の仕事にたずさわってもいられるわけ

さんの人間を見ながら、さまざまな世間の俗事に忙しくしつつ世の習いを知っていくうちに、自己自身を忘却してしまう。そして自分自身が神的な意味においてどういう名前のものであるか（＝神という絶対的なものの前で自分がどういう存在であるか）を忘れ、自己自身を信じず、自己自身であろう（＝自分らしい生き方をしよう）などとはだいそれたことだと考える。むしろ他の人々と同じようにしているほうがはるかに気楽で安全だと思ってしまうのである。

　ところが世間の人は、この形態の絶望（＝有限性の絶望）には少しも気づいていない。世間の人々は、自己自身を失ったからこそ、商取引をうまくやってのけたり世間で成功するだけの達者さを勝ち得たのだ。そういう人は、多数の人々との交渉のなかで小石のように研ぎ減らされ丸くなり、自分自身の生き方など夢にも思わず、流通貨幣のように流通して便利に役立とうとするのである。彼は絶望しているとみなされるどころか、まさに人間らしい人間とみなされるのである。

　有限性の絶望とは、まさにこのようなものだ。こういうふうに絶望していればこそ、人間はひ

なのである。（中略）しかし彼らは（中略）――その他の点でいかに自己的であろうとも――精神的な意味では自己をもっていない、そのためになら一切を賭けることができるというような自己を、神の前に立つ自己を、もっていないのである。

出典：一八四九年公刊。本文は『死に至る病』ちくま学芸文庫（桝田《ますだ》啓三郎《けいざぶろう》訳）によった。

◉哲学の問い………… ほんとうの自己はどこにあるのだろうか。夢に憧れていたり、世間の価値のいいなりになったりしたら、真の自己とはいえないのだろうか。

とかどの人間として見られ、他の人々から称賛されたり、尊敬されたり、名声を博したり、あらゆる世間の仕事にたずさわってもいられるのだ。しかし彼らは、「そのためなら一切を賭けることができる」というような自己、つまり（私キルケゴールからすればそれは）神の前に立つ自己（ということになるが、それ）を、彼らはもっていないのである。

キルケゴールについて　一八一三―一八五五

[人と時代]「絶望」を知り、可能性を求める

一八一三年、北欧デンマークのコペンハーゲンに、セーレン・キルケゴールは生まれた。隣接国スウェーデンやイギリスとの度重なる戦争に敗れ、当時のデンマークは経済危機に立たされていた。その頃人々の生活に浸透していたものは、戦争の反省を促すルター派キリスト教の教えと、隣国ドイツから輸入された近代思想だった。特に、ヘーゲル哲学は教会や牧師たちに絶大な影響を与えていた。

その姓「キルケゴール」は、「教会の領地（墓）」という意味をもつ。実際、彼の父親は教会の領地を耕す農民として幼少時代を過ごし、立身出世して毛織物商で成功し、財を築いた。使用人だった母との間に生まれた七人目の末っ子、それがキルケゴールだった。父親は厳格なキリスト教徒の教育者で、幼いキルケゴールには友達と外で遊ぶ自由もあまり与えられなかったようだ。友達が外で遊んでいる時にキルケゴールは家で父親と手をつなぎ、部屋の中を巡り歩く「空想旅行」をしていた、という具合であった。

青年に成長したキルケゴールは、兄や父の期待に応えて牧師となるべく、大学で神学を学んだ。だがやがて限界を感じ、文学や哲学の世界にのめりこんでいった。そんなある日、父親から驚愕《きょうがく》の真実が告げられる。それは、父の犯した罪と「神の呪い」であった。父は幼い頃、神を呪ったことがあった。その後、出世し結婚するが、最初の妻はすぐに他界、それから間もなく使用人との間に子ができてしまった。さらに、生まれた子たちはみな若くして次々と死んでいった。これは父の犯した罪と、神の呪いのせいだ。だからお前も若くして死ぬ運命にあるだろう……。キルケゴールは震撼《しんかん》した。自分は神に呪われているのだ、と。

そんな彼は二〇代の時、生涯で唯一の恋をした。彼女の名はレギーネ。やがて二人は婚約に至った。だがキルケゴールはこの婚約を突如破棄する。その理由を誰にも明かさなかった。そして、その明かされざる理由を、一八五五年に没するまで、たくさんのペンネームや美醜両極端な肖像画を用いて、いくつもいくつも書き続けたのである。

やがて「全デンマークの牧師の敵」とまで言われるほどに、徹底して思弁哲学や教会の体制にキルケゴールは抗《あらが》った。思索は本来「逆説」的であり、単に言葉上の「体系」を完成させることには何の意味もない。自分にとっての真理こそが、求められねばならない。そう訴える彼の思索は、まさしく、徹底的に己の「絶望」を知りながら、なお、可能性を求めて生き抜く道にほかならなかったのである。

［思想］「私にとっての真理」こそ必要である

一九世紀半ば以降に出てくるキルケゴールやニーチェの思想はしばしば「実存思想」と呼ばれるが、それ以前の思想家たちとは、たしかに色合いがちがう。ルソー、カント、ヘーゲルまでの思想家・哲学者たちにおいては、自分が心から納得できる自由な生き方をしたいという願い（生き方の思想）と、自由が広く許された社会を求めること（社会の思想）とは、ともに身分制の支配する旧体制への対抗という点で結びついていた。生き方の思想も社会の思想も、「自由」を合い言葉にしていたのである。

しかし自由が一定程度認められ社会が安定してくると、生き方の思想と社会の思想とは分離しはじめる。一九世紀半ば以降の社会思想は、マルクス主義のように自由よりも「平等」を求める傾向が強まる。他方で、生き方を問う思想は、キルケゴールやニーチェのように社会に関心をあまりもたず、どんな生き方がよいのかを過敏な自意識のなかで考えつめていく。キルケゴールは二二歳のときの日記にこう書いている。「私にとって真理であるような真理を発見し、私がそれのために生き、そして死にたいと思うようなイデーを発見することが必要なのだ。いわゆる客観的真理などをさがし出してみたところで、それが私に何の役に立つだろう。」（「ギーラレイエの手記」一八三五年）

客観的真理や人類の進歩といったものを信用せず、社会に貢献する生き方や社会とのつながりをも疑う。そして、私の苦悩を解決しうる「私にとっての真理」だけを求める。そのような思想のかたちが「実存」思想と呼ばれるが、この流れはキルケゴールに始まり、ニーチェ、ハイデガー、ヤスパース、サルトルと続いていく。

さて、キルケゴールの代表作の一つが『死に至る病』である。そこでは人間の「自己」とは、無限性と有限性の間で、または可能性と必然性の間で、かろうじてバランスをとっている存在だと考えられている。無限性と有限性については「本文解説」で触れることにして、まず可能性と必然性について説明しよう。

可能性とは、例えば「今後私は水泳選手として活躍したいし、そうできるはずだ」というような、自分の欲望とその実現可能性のことだ。「（何かを）したい＋できる」といえばわかりやすいだろう。人を生かすのは単なる肉体の健康ではなく、このような生の可能性（したい＋できる）であって、これを失えば絶望するしかない。キルケゴールはいう、「気絶した人があると、水だ、オードコロンだ、ホフマン滴剤だ、と叫ばれる。しかし、絶望しかけている人があったら、可能性をもってこい、可能性をもってこい、可能性のみが唯一の救いだ、と叫ぶことが必要なのだ。可能性を与えれば、絶望者は、息を吹き返し、彼は生き返るのである。なぜかというに、可能性なくしては、人間は呼吸することができないからである。」（『死に至る病』）

このように、可能性を失って必然性ばかりに支配されてしまうのが〈必然性の絶望〉だが、それとは逆に、可能性ばかりが頭のなかでふくれあがってしまい、なんでもできそうな気持ちになることもある。しかし「そこに欠けているものは、実は必然的なものに服従する力なのだ」（同前）。このようなものが〈可能性の絶望〉である。

人は、この可能性と必然性のバランスをとろうとして努力するが、自力では結局うまくいかない。うまくいかなければ、そのうまくいかないことに絶望する。そして絶望を意識すればますます絶望が深まっていく。人間は意識することで、絶望を累乗していくからだ。そうした絶望の果てに最後に残される唯一の道は「一切を可能にする神」への信仰しかない、とキルケゴールはいった。

この書物のタイトルである『死に至る病』とは「絶望」のことである。私たちはふつう自分が絶望しているなどとは思っていないが、じつは潜在的にはすでに絶望してしまっているのだ、とキルケゴールはいうのである。この見方はやや極端だが、可能性と必然性のバランスという仕方で人間をみる見方は、二〇世紀のハイデガーに受けつがれて深められていくことになる。

［本文解説］夢と現実、どちらに傾くのも危険である

キルケゴールはまた、人間の自己を、無限性と有限性の間のバランスとしても捉えようとしているが、本文はその箇所からとった。無限性を「ロマンや夢」、有限性を「現実」と読み替えてみると、分かりやすくなる。

まず、何か限りないロマンを思い描き、そこに関わっていくことにこそ真実の自己があると思うが、夢が大きすぎてそれを実現するための現実的な手段が何もみつからなくなってしまうのが〈無限性の絶望〉である。例えば「世界最高のロックギタリストになって全人類を熱狂させる」という大きな夢を思い描くが、その夢ばかりがふくれあがって、実際には何に手をつけてよいかさえ分からなくなってしまう。そんな〝若者〟の姿を想像するとよいだろう。

それに対して〈有限性の絶望〉というものがある。きわめて現実的で、社会的にも「ひとかど」の人物として認められているが、ロマンと夢を失ってしまっている。そして「自分の自己を他の人々に騙《かた》り取らせる」、つまり世間の人人が語る評判にすっかり自己を預けてしまって、評判こそが自分の価値だと思い込んでいる。世間に埋没してしまった〝大人〟の姿である。

そしてキルケゴールは、無限性に傾く人も有限性に傾く人も「そのためなら一切を賭けることができる」もの、つまり真の自己をもっていない、と断定する。この批判が自分に刺さってきたように感じる読者もいるかもしれない。

だが、ここで立ち止まってみよう。「一切を賭けられるもの」、つまり絶対的な価値がなければ人生には意味がない、という考え方自体が、私たちを不自由にするかもしれないからだ。日々の暮らしのなかで、私たちは絶対とはいえなくても、やはり大切なこと・大事なことをもっているのではないか。そこに目を向け育てていくことが必要なのではないかと私（西）は思う。

［未来への架け橋］ 他者や社会と関わりつつ〝自分らしく〟あるには

私たちが生きる際につきあたる問題の形は、しばしば「夢か現実か」「自分らしく生きるか、世間からの評価を得るか」といった二項対立的なものとして意識される。このような問題の形を鋭く描き出しているところに、キルケゴールのおもしろさがある。

そして彼は最終的な解決として「神への信仰」を語ったが、そうではなく、各人が自分なりにバランスをとる道を探すこともできるはずである。つまり「ロマンを現実のなかで生かすには？」「自分らしくあることを他人との関わりのなかで生かしていくには？」を問い、自ら試していく道である。そのとき、「事そのもの」を説いたヘーゲルの思想はヒントになるかもしれない。

◉哲学の問い……考えるヒント ほんとうの自己はどこにあるのか、という問いには「正解」はないかもしれない。こういう場合には、問い方を変えてみる手がある。「なぜ人はときに、ほんとうの自己を見つけたくなるのか」と。すると、何か〝足りないもの〟があるからだ、と分かる。ではその足りないものとは何か、と問うてみれば、それなりの答えが出てくるはずだ（充実感の不足とか、どこに向かえばよいかが分からない、など）。そしてどう解決すればよいかも考えられるはずだ。――じつは、ほんとうの自己とは、このように、困ったり足りないなあと思ったりしている自分、そこにしかないのかもしれない。

●読書案内 『キルケゴール』工藤綏夫《くどうやすお》（清水書院）

唯物史観

歴史と社会を経済から読む

マルクス［経済学批判「序言」］

歴史のなかには、さまざまな異なった仕組みをもつ社会がある。それぞれの社会の特質を全体として理解しようとしたら、どこに着目すればよいだろうか？　――人間はつねに自然と交渉して財を生産し、分配し、消費している。この経済の仕組みは社会によってちがう。マルクスはここに着目するのがよい、と考えた。

研究の結果、わたしが到《いた》った結論は次のようなものである。国家の諸々の形態と同じく法の上での諸関係〔法的諸関係〕は、それ自体から捉えるべきものでもなければ、人間精神のいわゆる普遍的発展から捉えるべきものでもない。むしろそれは物質的生活の諸関係・諸事情に根ざしているのである。ヘーゲルは、一八世紀のイギリス人やフランス人の先例に倣って、この物質的生活の諸事情・諸関係の全体を「市民社会」の名で括《くく》っている。この市民社会の解剖は経済学〔政治経済学〕に求めなければならない。この経済学の研究をわたしはパリで始めた。ギゾー氏の退去命令

◆解読

（ヘーゲル『法哲学』を批判的に研究することによって）到達した私の結論は、以下のようなものである。国家のさまざまな形態と法や権利の諸関係とは、それだけを見ていては理解できないし、また、（ヘーゲルが説いたように、人間の精神は歴史のなかで各人が自由な存在であることを自覚していくという）人間精神の一般的な発展から見ることによっても理解することはできない。むしろそれら（国家と法の諸形態）は、物質的な生活諸関係（＝生産・分配・交換・消費などの経済的な諸関係）に根ざしているのである。この物質的な諸関係の総体を、ヘーゲルは（『法哲学』のなかで）「市民社会」という言葉で呼んだが、私の結論は、この市民社会の仕組みを解剖して理解するには経済学が必要である、ということだった。この経済学の研究を私はパリで始めたが、フランス外相ギゾーの下した追放命令（一八四五年プロイセンからの圧力を受け、ギゾーはルーゲ、マルクスらの危険分子をフランスから追放した）によって、ベルギーのブリュッセルにうつったので、そこでさらに研究を続けた。

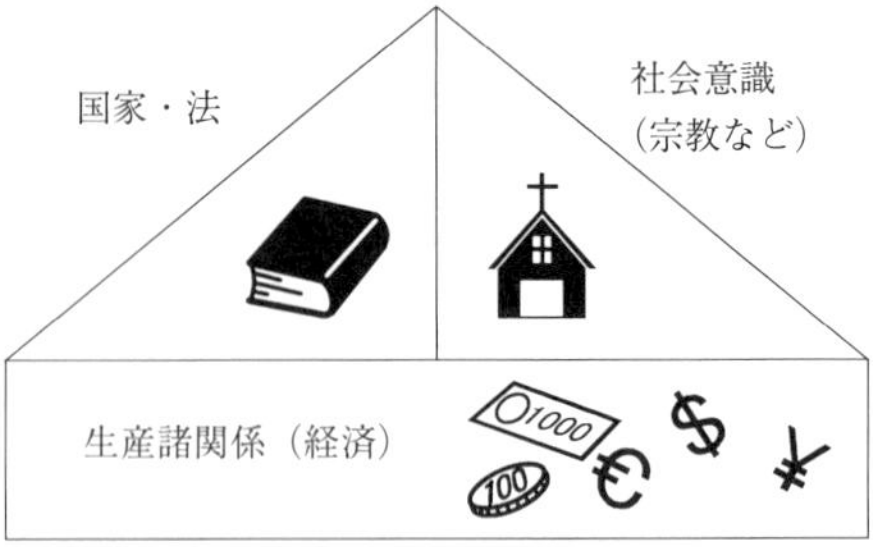

が出た後はブリュッセルに移り、そこで研究を続けた。わたしに明らかになった一般的な結論は、ひとたび結論として得た後には、わたしの研究の導きの糸となった。簡略にいえばそれは次のように定式化できる。

　人間たちは、自らの生活を社会的に生産するさいに、彼らの意志から独立した、一定の〔その生産に〕必要な関係を受け容《い》れる。人間の物質的生産諸力の一定の発展段階に対応する生産諸関係が、その関係である。この生産諸関係の総体が社会の経済的構造を形成している。この社会の経済的構造こそ、法的および政治的な上部構造がその上にそびえたつ現実的な土台であり、さらに一定の社会的意識形態が対応する現実的な土台である。物質的生活の生産様式が社会的、政治的および精神的な生活のプロセス一般を制約しているわけである。人間の意識が人間の存在を規定するのではない。逆に人間の社会的存在が人間の意識を規定する。

私にとって明らかになり、そしてひとたびこれを得てからは私の研究にとって導きの糸として役立った一般的な結論は、簡単に次のように定式化することができる。

　人間たちは、自分たちの生活を社会的に生産している（＝生命や暮らしを共同しながら作り出している）が、その際には、個々の人間の意志からは独立しているが（生活の生産のために）必要な一定の「関係」を受け容《い》れることで、この生活の生産を行っている。人間は（歴史のなかで）物質的生産力を発展させていくが、それとともに、この発展段階に対応した一定の生産諸関係（＝生産だけでなく、分配・交換・消費をも含む一連の経済的諸関係）ができあがってくる。その生産諸関係のもとで、人間たちは自分たちの生活を生産しているのである。この生産諸関係の総体が社会の経済的構造を形作っている。この社会の経済的構造こそが、法的・政治的「上部構造」（＝法律や国家）を支える、現実の「土台」となっているのである。さらにこの経済的構造という土台には、一定の社会的意識諸形態（＝人々の価値観や世界像のこと、宗教も含む）が対応している。物質的な生活の生産様式社会の物質的な生産諸力は、その発展のある段階に到る前までは、既存の生産諸関係の内部で拡大を続ける。しかしその発展のある段階に達すると、既存の生産諸関係と矛盾するようになる。あるいはまた生産諸関係を法的な表現に代えただけだが、所有諸関係と矛盾するようになる。この諸関係は、生産力を発展させる形式から、これを束縛するものに転じる。社会革命の時代Epoche《エポッヘ》はこの時に始まるのである。経済的土台の変化にともない、巨大な上部構造の全体が徐々に、でなければ急激に転換する。こうした転換を考察する上では、つねに次の二つを区別しなければならない。一つは、経済的な生産条件における転換で、これは自然科学並みの正確さで確認すべき物質的な転換である。もう一つは、法的、政治的、宗教的、芸術的および哲学的形態、つづめていえばイデオロギー的形態で、人間はこうしたかたちでこの対立に気づき、この対立に決着を付ける。

　こうした転換の時代を、この転換の時代の意識から判断することはできない〔今がこうした転換の時代であるかどうかは、人々が今をそうした転換の時代だと意識しているかどうかで判断することはできない〕。それはちょうど、ある個人が何であるかを、この個

が、社会的、政治的および精神的な生活のプロセスを一般的に条件づけているのである。人間の意識が人間のあり方（＝社会的・政治的な生活のあり方）を規定するのではなく、逆に、人間の（生産諸関係を中核とする）社会的なあり方こそが意識を規定するのである。

　社会の物質的な生産諸力は、その発展がある段階に達するまでは、既存の生産諸関係の内部で拡大を続ける。しかしその発展のある段階に達すると、既存の諸関係と矛盾するようになる。あるいはまた、生産諸関係を法的に表現したものにすぎない所有諸関係と矛盾するようになる。これらの諸関係は、これまでは生産力を発展させる形式だったが、以後はこれを束縛するものに変わるのである。社会革命の時代はこの時に始まる。経済的土台の変化にともない、巨大な上部構造の全体が徐々に、または急激に転換するのである。

　こうした転換を考察する際には、二つのことを区別しなくてはならない。一つは経済的な生産条件における転換（＝生産力が生産諸関係と矛盾するようになること）であって、これは自然科学なみの正確さで確認することができる。も

人が自分を何ものだと思い込んでいるかによって判断することができないのに等しい。むしろ〔今こそ転換の時代だという〕この意識こそ物質的生活の矛盾から説明されねばならない。つまり、社会的な生産諸力と生産諸関係との間に現存している対立から説明されねばならないのである。

〔一つの地層群に喩《たと》えうる〕ある社会構成Gesellschafts《ゲゼルシャフツ》-formation《フォルマツィオン》は、それが十分に包み込むことのできる生産力がことごとく発展してしまうまで、没落することは決してない。より高度の新しい生産関係は、その物質的な存在条件が古い社会自身の胎内で孵化《ふか》してしまうまで、古いものに取って代わることは決してない。この点から見るなら、人間が立てる課題はいつも彼が解決できる課題だけである。なぜなら、もっと立ち入って見れば、課題自身が生じるのは、それを解決するための物質的な条件が存在し、あるいはすくなくともその条件が生れつつあるプロセスにあると理解される場合だけだということが、いつでも明らかになるからである。

大まかにいえば、アジア的、古典古代的、封建的および近代市民《ブルジョア》的な生産様式が、経済的な社会構成のなかに累積してきた〔積み

う一つは、法、政治、宗教、芸術、哲学などのイデオロギー（＝観念）の諸形態であり、人間はこのような観念諸形態においてこの対立に気づき、この対立に決着をつけようとする。

現在がこうした転換の時代であるかどうかを、時代の人々の意識ないし観念から判断することはできない。それはちょうど、ある個人が「何であるか」ということを、この個人が「自分を何ものだと思い込んでいるか」によっては判断できないのと同じである。むしろ、（社会主義者・共産主義者たちが現れ、いまこそ転換の時代だと叫ぶ）この意識こそが、物質的生活の矛盾から説明されなくてはならない。つまり、社会的な生産諸力と生産関係の矛盾から説明されなくてはならない。

ある社会構成は、それが十分に包み込むことのできる生産力がことごとく発展してしまってから、はじめて没落する（だから社会の変革は人々の意識だけによっては不可能であり、生産力が既存の生産関係を乗り越えようとする、という客観的な条件によってはじめて可能なのである）。この点からみれば、人間が立てる課題はいつも解決できる課題だといえよう。つまり、人が変革の

重なってきた〕時代progressive《プログレッシーヴェ》 Epochen《エポッヘン》としてあげることができる。市民的生産関係は社会的生産過程の最後の対立的な形態である。ただし対立的といっても、個人的な対立という意味ではない。諸個人の社会的な生活条件から生じてきた対立という意味での対立である。だがしかし、市民社会の胎内で発展しつつある生産力は、同時にこの対立を解決するための物質的条件をも創りだす。したがって、この社会構成とともに人間社会の前史が幕を閉じるのである。

出典：一八五九年公刊。本文は『マルクス・コレクションⅢ』筑摩書房（木前利秋《きまえとしあき》訳）によった。
なお、〔〕内は翻訳者による補足である。また、読みやすさを考えて、適宜改行を加えた。

●哲学の問い…………　経済の仕組み（生産関係）はそのなかを生きる人々の意識を規定する、とマルクスはいう。日本でも一九六〇年には労働人口の約三割が第一次産業の専業であった。現在は、多くの人が都市生活者となり、企業に勤めて賃金をもらっている。そのことはどのような意識の変化をもたらしたか、考えてみよう。

課題を立てるのは、その課題を解決しうるための物質的条件が存在するか、生まれつつあるときだけだからである。

おおまかにいえば、アジア的（＝古代メソポタミアなど）、古典古代的（＝古代ギリシャ、ローマ）、封建的（＝ヨーロッパ中世的）、および近代市民的（＝近代の市場経済）な生産様式を、経済的な社会構成のなかにこれまで累積してきた諸時代として挙げることができる。そして、市民的生産関係は、対立的な生産関係の最後の形態である。もっともこの「対立」は個人的な争いの意味での対立ではなく、諸個人の社会的な生活条件から必然的に生じる対立（＝搾取する階級と搾取される階級の対立）という意味での対立なのだが。市民社会の胎内で発展しつつある生産力は、同時に、この対立を解決するための物質的条件をも創り出す。したがって、この市民的社会構成とともに、（根本的に対立的であった）人間社会の前史は幕を閉じるのである。

マルクスについて　一八一八―一八八三

［人と時代］　資本主義社会の矛盾を追及

マルクスは、二〇世紀において最も影響力をもった思想家の一人として知られる。青年期にはヘーゲル哲学の影響を受けたが、その後、親友かつ最大の支持者であったエンゲルスとともに、資本主義経済の分析を通じて、かつての空想的な社会主義に代わる科学的な社会主義・共産主義を提唱した。マルクスの有名な言葉に「哲学者たちは世界をさまざまに解釈してきたにすぎない。しかし肝心なのは、それを変革することである」というものがある。この言葉通り、マルクスは資本主義が生み出す矛盾の核心をつかむことで、根本的な解決策を見出《みいだ》そうとした思想家だった。

一八一八年、マルクスはプロイセン王国にて裕福なユダヤ人法律家の家庭に生まれた。少年時代をトリーアのギムナジウムで過ごし、ボン大学、ベルリン大学、イエナ大学で哲学を専攻、卒業後は「ライン新聞」の編集長を務めるなどジャーナリストとして活動した。この頃、エンゲルスと知り合い次第に親密な関係を築いていった。

一八四七年、エンゲルスとともに『共産党宣言』を起草、一八四八年にドイツ革命が起こるや革命を支持して「新ライン新聞」を発刊するが、革命は失敗に終わり、マルクスはロンドンに亡命する。ロンドンでは大英図書館に通い詰め、資本主義の矛盾の根本構造を明らかにしようとして『資本論』を書き始め、第一巻を一八六七年に出版する。一八八三年に亡くなった後、膨大な遺稿に基づき、エンゲルスの編集によって第二巻と第三巻が出版された。

マルクスが『資本論』で描き出したのは次のような世界観である。資本主義社会では「資本家」が「労働者」を搾取している。さらに資本家同士の競争によって資本の利潤率は低下し、労働者はますます貧しくなってゆくほかなく、人間の自由や共同性が実現する余地はない。その根本の原因は資本主義のシステム自体にある。しかし資本主義の発展に伴って、恐慌や階級間の激しい対立が不可避的に生じ、それをきっかけに革命が起こり、その結果、資本家は没落し、労働者が主役となる社会がやってくるだろう、と。

これは、資本主義に対する一つの本質的な批判理論だった。だが現在では、マルクス主義の没落にともない、彼の理論に対して、経済学的にも政治的にも根本的な疑問が向けられている。しかし、二〇世紀におけるソビエト連邦の創設や、その後のアメリカとソ連による、自由主義対社会主義の対立の体制（いわゆる冷戦構造）など、彼の思想が現代社会に与えた影響はきわめて大きい。

［思想］世界を形成する原動力は「資本」である

一八世紀から一九世紀初頭にかけて、ロック、ルソー、カント、ヘーゲルらの哲学者は「自由な社会（国家）」の理念を創りあげていった。すなわち、国家を対等なメンバーによって作られたものとみなしたうえで、各メンバーの自由な活動を広く「権利」として認め、さらに、すべてのメンバーの共通利益（ルソーは「一般意志」と呼んだ）を議論によって取り出して法律とする、というものである。現代の世界の多くの国家が、この理念に基づく憲法をもっている。

しかし、一九世紀半ばから活躍したマルクスは、自由・平等はタテマエにすぎないと述べて「自由な社会」の理念を厳しく批判し、めざすべき新たな理念として社会主義・共産主義を提示した。なぜなら、彼が直面していたのは、産業革命によって激変した社会だったからである。

ルソーやカントが活躍した一八世紀のヨーロッパは、農業と商業が中心の社会だった。しかしその世紀の終わり頃から、イギリスを先頭に大規模な工業化が始まる。工場が次々につくられて大量生産が始まり、鉄道が走り都市には街灯がついた。一九世紀は科学技術の進展が生活環境を激変させた時代であり、それを文明の進歩として礼賛する者も多くいたが、他方で、裕福な資本家と劣悪な条件で働かされる労働者との格差は極度に大きくなった。さらにヨーロッパ列強は市場と原料とを求めてアフリカやアジアに進出し、植民地争奪戦を行っていく。

マルクスは、このような極端な不平等、植民地支配、科学技術の急速な発展などが生じる原因を「社会科学」によって捉えねばならないと考えた。そして彼の出した答えは、「最大限の利潤を求めて運動する資本こそが世界を形成する原動力となっており、人間は社会を動かす主体ではなくなってしまっている」というものだった。もし人間が、自由・平等・連帯を実現し自分たちの社会を主体的に運営しようと望むのなら、資本が野放図に活動する市場経済を廃止し、生産と消費を人間が統御する「計画経済」にしなくてはならない、と彼は考えた。これが社会主義・共産主義の思想であり、一九世紀から二〇世紀にかけて、多くの人々の心を捉えてきた（日本でも一九七〇年代半ば頃までは、学者や大学生の多くが「反体制」であった）。

しかし、ソ連や東独などの現実の社会主義国家では、経済の平等はある程度達成されたが、言論の自由を含む個々人の自由は厳しく制限された。この自由への軽視は、「人間が本来もっている共同的な本性を実現しよう」という美しい理想が、「個人より国家を重視すべきだ」という思想に帰結したことによる。マルクス自身は自由を大切なものと考えていたが、自由を「権利」として尊重するという点において、社会主義の思想に欠けるものがあったことは認めざるを得ない。だが、彼の資本主義に対する批判は、いまも有効なものとして生き続けているといえる。

［本文解説］国家や法は経済的な関係から理解される

本文は『資本論』第一巻に先立つ『経済学批判』の「序言」であるが、これは、歴史の原動力を経済に求める、いわゆる「唯物史観」ないし「史的唯物論」の立場が鮮明に描かれた箇所として広く知られてきた文章である。

このマルクスの立場は、ヘーゲルの歴史観と対決しつつ形作られた。ヘーゲルは、歴史の進展を人類の精神が自由を自覚していく過程とみなした。例えば個々人が「自分の納得できる生き方をしたい、合理的な法律にだけ従いたい」と考えるようになると、それに応じて、人権や議会政治が成りたってくることになる。『法哲学』でヘーゲルは世界史を四つの時代（東洋的・ギリシャ的・ローマ的・ゲルマン的）に区分しているが、各時代は人間精神の特定の発展段階に応じた法や国家のあり方をもつ。つまり、人間精神の発展が社会制度を形作る原動力なのである。

それに対してマルクスは、法や国家は「それだけ」を見ても理解できず、「精神の一般的な発展」から理解することもできない、という。そうではなく、法・国家・宗教などは「物質的な諸関係」、すなわち、生産・分配・交換・消費という一連の経済的な関係に根拠をもっており、そこから見て初めて理解できる、という。

経済は、人間と自然の間の「物質代謝」（マルクスの言葉。物質レベルでの交換のこと）であって、人類が生きているかぎり永遠に続く過程とみることができるが、他方でそれは、特定の時代における特定の人間関係（生産関係）を通じて行われる。例えばヨーロッパ中世では、経済は自給自足的な農村の形をとって行われるが、それは伝統を守り自然の恵みに感謝しつつ生きる意識を産み出すだろう。それに対して、市場経済が発展し都市が成り立つと、職業選択の範囲が広がって自分の才覚を生かして稼ぐことができるために、伝統にそのまま従うのではない自主独立の気風が生まれる。するとそこから、対等な人権や民主主義をよしとする意識が育っていくだろう。

このようにマルクスは、法や国家や宗教的・社会的意識を、経済的な関係に根拠をもつものとして捉えようとした。経済を「土台」、法や国家や宗教を「上部構造」と彼は呼び、「上部構造は経済的土台に対応する」と述べた。この考え方は、経済が法や国家や宗教を厳密に一義的に決定する、とみなすと不自然になるが（法や宗教が経済に反作用を及ぼすこともあるので）、〈一つの歴史的な社会を総体として理解しようとする際には、経済的な諸関係をまず参照する必要があり、政治制度や宗教などはそれとの関連で見て初めてよく理解される〉というくらいに受け取るならば、きわめて理のある考え方といえる。このようにマルクスは、社会を総体として理解するための一つの有力な方法を示した点で、経済学と社会学の古典とされている。

さらにマルクスは、政治を含む社会構造の大きな変化（「革命」を含む）が起こるのは、単に意識の問題ではなく、やはり経済のあり方の変化によると考えた。つまり、生産力が一定以上に高くなると、それまでの生産関係では持ちこたえられなくなって、新たな生産力に対応した新たな生産関係が作られる、というのである。社会主義革命も同じで、資本の運動は技術力と生産力を高めていくが、その生産力を資本による生産では包み込めなくなったときに革命が起きると考えた。資本の運動は高い生産力と、それに応じた高い知性とモラルをもった労働者を産み出す。資本を廃止して生産を人間の手に取り戻すとき、高い生産力は人々の自由な活動のための自由時間をもたらしてくれる。

――このようにマルクスは、単なる願望ではなく、実現可能な根拠をもった理想として社会主義を考えていた。

［未来への架け橋］自由の社会的条件の認識が必要である

マルクスの思想は、以下の二点において、いまなお重要である。まず、彼は「自由な社会」の理念の批判者であったが、この理念の実質化をめざしていたともいえる。つまり、「自由の実質化のためには、社会科学的な実証研究によって、各人の自由な活動の社会的条件（経済格差など）を制度的に整える必要がある」として彼の思想を受けとることができる。第二に、彼は資本主義（市場経済）の本性とその未来について徹底的に思索しようとした。現在の人類は、環境・資源の限界や南北間の経済格差の問題を抱えているが、「持続可能で公正な未来」を構想するためには、私たちはあらためて資本主義の本性を究明する必要がある。

◉哲学の問い……考えるヒント　生活の具体的な条件を書き出した上で、そこでの意識を想像してみよう。例えば、伝統的な農村では職住は分離せず、田植えのような共同作業もあった。（『日本社会の構造』福武直《ふくたけただし》（東京大学出版会）を参照）。

●読書案内　『資本論の世界』内田《うちだ》義彦《よしひこ》（岩波新書）

道徳の起源／永遠回帰

恨みが善を作り出す　人生を深く肯定するには

ニーチェ［道徳の系譜・ツァラトゥストラ］

「よい・わるい」という言葉には、異なった二種類の〝価値〟が含まれている。一つは「きもちいい・つまらない」。自分が楽しくなり気持ちよくなってくることだ。もう一つは「善・悪」である。先生や親の命令、また何かのルールに忠実に従うのが〝善い〟行為であろう。しかしこの二つの価値は、言葉は似ていても、まったく違ったものかもしれない。

道徳の起源

騎士的・貴族的な価値判断が前提とするものは、力強い肉体、今を盛りの豊かな溢《あふ》れたぎるばかりの健康、加うるにそれを保持するうえに必要なものごと、すなわち戦争、冒険、狩猟、舞踏、闘技、さらにはおよそ強い、自由な快活な行動を含む一切のものごとがそれである。

これに反し僧侶的に高貴な評価法は――すでに見たように――、それとは別な前提をもつ。すなわちそれは、戦争のこととなると彼らにははなはだもって具合がわるいということだ！　僧侶らは、

◆解読

［『道徳の系譜』において、ニーチェは、道徳（＝よしあしの判断）のなかに二種類の根本的に異なった価値判断が含まれていることを明らかにしようとする。この二種類はそれぞれ「騎士的・貴族的な価値判断」と「僧侶的な価値判断」と呼ばれるが、前者では古代ギリシャ・ローマの市民やゲルマンの勇者が、後者ではもっぱらキリスト教が念頭に置かれている。］

騎士的・貴族的な価値判断が生まれ出てくる前提となるのは、力強い肉体、豊かな溢《あふ》れるばかりの健康、さらに肉体と健康とを維持するうえに必要な、戦争、冒険、狩猟、舞踏、闘技、さらに、強く自由な快活な行動を含む一切の物事である。

これに反して、僧侶の評価法は、それとは別な前提をもつ。すなわち、戦争は彼らにははなはだ具合が悪いのだ。僧侶らは、周知のように最悪の敵である。――一体なぜか？　彼らは最も無力な者であるからだ。彼らにあっては、その無力から憎悪が生まれ、やがてそれが奇怪にして不気味なもの、最も精神的で有毒きわまり

周知のごとく、最悪の敵である、――一体なぜだろう？　彼らはもっとも無力な者であるからだ。彼らにあっては、その無力からして憎悪が生まれ、やがてそれが奇怪にして不気味なもの、もっとも精神的で有毒至極なものにまで成長する。世界史における巨大な憎悪者はつねに僧侶であった、もっとも才智《さいち》ある憎悪者もまた同じく僧侶であった。――僧侶的復讐《ふくしゅう》の精神に比べれば、およそ他のあらゆる精神などはほとんど問題にもならないものである。人間の歴史は、こういう無力者たちによって注ぎこまれた精神がなかったなら、じつにもってあまりにも味気ないものであったろう。

――早速ながらその最大の例証をあげておこう。この地上で〈高貴な者〉・〈権勢家〉・〈支配者〉・〈権力者〉に歯向かってなされたいかなることも、ユダヤ人がこれらの者に反抗してやらかしたことに比べれば、言うにもたりないものである。

僧侶的民族であるあのユダヤ人は、おのれの敵対者や制圧者に仕返しをするのに、結局はただこれらの者の諸価値の徹底的な価値転換によってのみ、すなわちもっとも精神的な復讐という一所業によってのみやらかすことを心得ていた。これこそはまさに、

ないもの（＝価値の転換）にまで成長する。世界史のなかで、最も巨大かつ智恵《ちえ》のある憎悪者は、僧侶であった。僧侶の復讐《ふくしゅう》の精神に比べれば、他のあらゆる精神は問題にもならない。人間の歴史は、もしこのような無力者たちによって注ぎ込まれた精神（＝復讐の精神）がなかったならば、味気ないものになっただろう。

早速、その最大の例証を挙げておこう。この地上で〈高貴な者〉・〈権勢家〉・〈支配者〉・〈権力者〉によって歯向かってなされたどんなことも、ユダヤ人がこれらの者に反抗してやったこと（＝キリスト教を生み出したこと）に比べれば、言うにも足りないものでる。

僧侶的民族であるあのユダヤ人は、おのれの敵対者や制圧者に仕返しをするのに、結局これらの者の諸価値を徹底的に価値転換すること、つまり、最も精神的な復讐によってのみ行うことを心得ていた。これこそはまさに、僧侶的民族というものに、あの陰険きわまる僧侶的復讐欲をもつ民族にふさわしい所業なのである。

ほかならぬユダヤ人こそは、恐ろしいまでの徹底性をもって、貴族的な価値方程式（よい＝高貴な＝強力な＝美しい＝幸福な＝神に愛される）

僧侶的民族というものに、あの陰険きわまる僧侶者的復讐欲をもつ民族に、またとなくふさわしい所業なのである。

ほかならぬユダヤ人こそは、恐怖を覚えるばかりの徹底性をもって、貴族的な価値方程式（善い＝高貴な＝強力な＝美しい＝幸福な＝神に愛される）にたいする逆転のこころみをあえてし、底しれない憎悪（無力の憎悪）の歯がみをしながらこれを固執した張本人であった。すなわちいう、「惨めな者のみが善い者である。貧しい者、力のない者、賤《いや》しい者のみが善い者である。悩める者、乏しい者、病める者、醜い者のみがひとり敬神な者、神に帰依する者であって、彼らの身にのみ浄福がある。——これに反し、お前ら高貴にして権勢ある者ども、お前らこそは永遠に悪い者、残酷な者、淫佚《いんいつ》な者、貪欲な者、神に背く者である。お前らこそはまた永遠に救われない者、呪われた者、堕地獄の者であるだろう！」

出典：一八八七年公刊。本文は『善悪の彼岸　道徳の系譜　ニーチェ全集一一』ちくま学芸文庫（信《し》太正三《だしょうぞう》訳）によった。なお読みやすさを考えて適宜改行を加えた。

に対する逆転の試みをあえて行い、底知れぬ憎悪（無力の憎悪）の歯がみをしながら、この価値転換の試みを固持したのだ。すなわち彼らはいう、「惨めな者のみが善い者である。貧しい者、力のない者、卑しい者のみが善い者である。悩める者、乏しい者、病める者、醜い者のみがひとり敬神な者、神に帰依する者であって、彼らの身にのみ浄福がある。——これに反して、お前ら高貴にして権勢ある者ども、お前らこそは永遠に悪い者、残酷な者、みだらな者、貪欲な者、神に背く者である。お前らこそはまた永遠に救われない者、呪われた者、堕地獄の者であるだろう！」

永遠回帰

[ツァラトゥストラは、自分のもとに集ってきた

そなたたちはかつて何らかの快《よろこ》びに対して然《しか》りと言ったことがあるか？　おお、わたしの友人たちよ、そう言ったとすれば、そなたたちは一切の苦悩に対しても然りと言ったことになる。一切の諸事物は、鎖で、糸で、愛で、つなぎ合わされているのだ、――

――かつてそなたたちが、一度あった何事かの再来を欲したとすれば、かつてそなたたちが、「おまえはわたしの気に入る。幸福よ！　刹那《せつな》よ！　瞬間よ！」と語ったとすれば、そなたたちは一切が帰って来ることを欲したことになるのだ！

――一切が改めて再来し、一切が永遠であり、一切が、鎖で、糸で、愛で、つなぎ合わされているような、おお、そういう世界をそなたたちは愛したことになるのだ、――

――そなたら、永遠的な者たちよ、そういう世界を永遠に、常に愛するがよい。そして、苦悩に対しても、そなたたちは語るがよい、過ぎ去れ、しかし帰って来い！　と。というのは、一切の快びは――永遠を欲するからだ！（中略）

今やそなたたちはわたしの歌を学んだであろうか？　この歌の言わんとするところを察知したであろうか？　さあ！　さあ！　そなたら、高等な人間たちよ、されば何とぞわたしの輪唱歌を歌

「高等な者たち」（一般大衆よりもましな人たち、の意）に語りかける。」

そなたたちは、かつて、何かの悦《よろ》ばしいことを心から肯定したことがあるか？　私の友人たちよ、もし肯定したとしたら、そなたたちは一切の苦悩をも肯定したことになるのだ。一切の諸事物は、鎖で、糸で、愛でつなぎ合わされているのだから。

――かつてそなたたちが、一度あった何事かが再び巡ってくることを欲したとすれば、かつてそなたたちが「お前は私の気に入った、この幸福、この瞬間よ！」と語ったならば、そなたたちは（苦悩をも含む）一切が帰ってくることを欲したことになるのだ！

――一切が改めてふたたび帰ってくる世界、一切が永遠であり、一切が鎖で、糸で、愛でつなぎ合わされているような、そういう世界をそなたたちは愛したことになるのだ。

――そなたたち、永遠的な者たちよ、そういう（一切が永遠にめぐってくる）世界を永遠に、常に愛するがよい。そして苦悩に対しても、そなたたちは語るがよい、過ぎ去れ、しかし帰って来い、と。というのは、一切の悦びは――永

え！

おお、人間よ！　心せよ！
深い真夜中は何を語るか？
「わたしは眠っていた、わたしは眠っていた――、
深い夢からわたしは目ざめた。――
世界は深い、
昼が考えたより深い。
世界の苦悩は深い――、
快びは――心底からの悩みよりもさらに深い。
苦悩は語る、過ぎ去れ！　と。
しかし一切の快びは永遠を欲する――、
――深い、深い永遠を欲する！」

出典：一八八三－八五年公刊。本文は『ツァラトゥストラ　下　ニーチェ全集10』ちくま学芸文庫（吉澤伝三郎《よしざわでんざぶろう》訳）によった。なお、読みやすさを考えて一部訳文を変更した。

●哲学の問い…………　私たちのもつ「善悪」は、「無力の憎悪」（ルサンチマン）から生まれたものといえるだろうか。善悪の観念はどこから生まれるかを、考えてみよう。

遠を欲するからだ！
今やそなたたちは私の歌を学んだだろうか？　この歌の言わんとするところを察知したであろうか？　さあ、さあ、そなたら高等な者たち、ではどうか私の輪唱歌を歌ってくれ！

おお、人間よ、心して聞け。深い真夜中は何を語るかを。
（真夜中が語り出す。）
「私は眠っていた、眠っていた。――深い夢から私は目ざめた。
世界は深い、昼が考えたより深い、世界の苦悩は深い。
しかし悦びは――心底からの悩みよりもさらに深い。
苦悩は語る、過ぎ去れ！　と。
しかし一切の悦びは永遠を欲する。深い、深い永遠を欲する。」

ニーチェについて　一八四四－一九〇〇

［人と時代］　新しい価値の創出をめざした時代を超えた哲学者

ニーチェは、二〇世紀後半の哲学に最も大きな影響を与えた哲学者の一人といってよいだろう。ニヒリズム、ルサンチマン、力への意志、超人、永遠回帰といった独自の概念により、ヨーロッパの哲学が自明視してきた「正義」「善」「道徳」といった諸価値を徹底的に疑い、新しい地平を拓《ひら》いた。ナチズムへ影響を与えた危険な哲学者として取りざたされるなど問題視される点でも天下一品といえる。

そんなニーチェは一八四四年、当時のプロイセンのレッケンという田舎村で牧師を父として生まれた。五歳のとき父が亡くなったが、優れた才能を認められ、名門のギムナジウムに入学し、ボン大学に進学。神学と古典文献学を専攻したが、まもなく信仰を放棄し母親と衝突する。このときすでに後のキリスト教批判の萌芽《ほうが》を見て取れる。

大学ではギリシャ古典文献学で驚異的な才能を発揮し、将来を嘱望されるようになる。その才能は、師のリッケルが「彼ほど優秀な人材は見たことがない」というほど圧倒的なものだった。そして師の推薦により、何と二五歳の若さでバーゼル大学の教授として異例に抜擢《ばってき》される。

さてニーチェが時代を超えた思想家に変貌する上で重要なのが、哲学者ショーペンハウアーと、音楽家ワーグナーとの出会いだ。人間の生の本質に苦悩を見出《みいだ》すショーペンハウアーと、ワーグナーの芸術は若きニーチェに絶大な影響を与え、ワーグナーへの熱狂は二八歳のとき『悲劇の誕生』に結実する。しかし、ギリシャ悲劇論の姿を借りたワーグナー礼賛と呼べるこの著作は、実証性を重んじる文献学会にはまったく受け入れられず、大学内でも孤立する。結局健康を害し十年後大学を離職することになった。

その後のニーチェの人生は悲惨だった。著作はまったく理解されず全然売れない。病に苦しむ中、年金と少数の理解者の援助でやっと生活できる状態だった。しかしその著作のほとんどは離職後に書かれたものだ。この時期にルー・ザロメと恋に落ちる。友人のレーとの三角関係はニーチェの妹エリザベートを捲《ま》き込み、もめにもめ最終的にニーチェの失恋に終わったが、「私の生涯で最も恍惚《こうこつ》とした夢をもった」と述べるなど、大きな経験を残した。失恋の翌年に『ツァラトゥストラ』の構想を得るのである。結局四五歳で発症、精神錯乱のまま一九〇〇年、五五歳で亡くなった。人間はその本性により矛盾を生み出すが、それを引き受けてなおも生きようと欲する点に人間の本質があるとする、その思想と同じように苦悩の中で生を求め続けたのだ。

【思想】「真理」ではなく「高まること」が重要である

ニーチェは、キリスト教と真理とを口を極めて罵ったことで知られているが、しかしただの無神論者や懐疑論者であったのではない。そうではなく、真理をめざすこれまでの生き方に代えて、より高まろうとする創造的な生き方を提示しようとしたところに、彼の思想の根本がある。

ニーチェはいう。近代になると自由な批判精神に基づく科学が生まれ、神を絶対視したキリスト教を相対化していく。キリスト教は人々のなかに〈誠実性〉(＝嘘をついてはならないということ)を育てたが、その誠実性がキリスト教自体に向けられ、ついに神が捏造《ねつぞう》であったと分かってしまうのだ、と(『道徳の系譜』第三論文§27)。それに続いて、国家や、人類の進歩といった「さまざまな最高価値」の価値下落が引き起こされる。どこかに絶対の真に価値あるものがあるはずだ、という思いは失望に変わり、ついには〈ニヒリズム〉――「真理などどこにもない、何をやっても無駄だ」という気分――がもたらされる、と彼は予言した(『力への意志』§2)。

つまり、真理への信仰(どこかに人生の意味を与えてくれる絶対の真理があるはずだ)は、最終的にはニヒリズムを生み出すとニーチェは考える。だとすれば、ただ真理を否定するだけでは足りない。そこで彼はこう主張する。――生命体のなかには、自己保存を求めるだけでなく、〝パワーアップ〟しようとする根本衝動、つまり〈力への意志〉がある。苦悩に負けず、この〈力への意志〉を最大限に発揮して高まろうする生き方が本来の人生の目標である、と。

しかし、ニヒリズムが蔓延《まんえん》すると、人々はもはや高まろうと努力するのではなく、無難で安楽な生活とよい眠りだけを求める〈最後の人間〉(「末人」とも訳される)になってしまうかもしれない。この「末人化」に抗《あらが》うために、ニーチェは『ツァラトゥストラ』で〈超人〉をめざす生き方を提示した。超人は「幼な子」にたとえられるが、砂山を夢中になって創っている子どものような、創造性の化身である。だから超人とは、体力と知力の優れたスーパーマンではなく、苦悩に負けず創造的でありつづける生き方の比喩であり、その意味で一人ひとりの生の目標となる。だから、あくまでも〝その人なりの仕方で〟高まることが大切だ、とツァラトゥストラ(＝ニーチェ)は語るのである。

【本文解説】ルサンチマン(恨み)がキリスト教を創り出した

【道徳の系譜】 ここでは、「よいとわるい」が貴族的価値評価法と呼ばれる。この「よい」は、健康な〈力への意志〉が力を増して高揚する際の、素直な自己肯定感に基づく。

例えば、音楽が気持ちよい、わくわくしてくる、という場合の「よい」である。それに対して、つまらないことは「わるい」と呼ばれる。

　これとは別起源のものが「善と悪」であり、僧侶的価値評価法と呼ばれる。この起源は「無力からくる復讐心《ふくしゅうしん》」であり、これを〈ルサンチマン〉とニーチェは呼ぶ（「恨み」を表すフランス語だが、引用箇所には出ていない）。すなわち、ユダヤ人たちはローマの支配を覆すだけの実力をもっていなかった。そこでこの無力からくるルサンチマンを、〈価値転換〉を行うことで果たそうとした、という。

『新約聖書』「マタイによる福音書」の「山上の垂訓」と呼ばれる箇所で、イエスは「貧しき者こそ幸いである。天国は彼らのためにある」「金持ちが天国に行くのは、ラクダが針の穴を通るより難しい」と語っている。この言葉をニーチェは、力があることを「よい」とする貴族的価値評価法を転倒させようとしたものだ、と解釈する。つまり、神を捏造し、その神の視点から、無力で貧しい者は「善」であり天国に行けるが、逆に、力と富をもっている者は「悪」であり地獄に行く、と主張しようとしたのだ、と。

　こうして、神の命令に従うか否かの視点による「善と悪」の価値評価法が生まれる。しかしこれは、自分より強い相手を観念のなかで否定することによって自己を肯定しようとする、いわば病気になった〈力への意志〉であり、高揚も創造性も欠き、ひたすら真理（神）を頼るものになってしまう。そしてこのような真理信仰がヨーロッパを長く支配してきたのだ、とニーチェは主張するのである。

【ツァラトゥストラ】『ツァラトゥストラ』の第四部「酔歌」から採った。ここでは〈永遠回帰〉の思想が語られているが、これも超人思想と同じく、苦悩に負けない創造的な生き方へ人を向かわせようとするものである。

　人はしばしば、自分の苦悩を何か（運や両親や社会など）のせいにしてしまう（＝ルサンチマン）。しかしそのままでは「この状況のもとで自分はどうするか」という主体的な姿勢を取れなくなる。そこでニーチェは、「万物と人生は永遠に回帰する」というお話を用意した。――地球が創造され生物が育ち自分が生まれる、というプロセスは、実はかつて何度も繰り返してきたものであり、これからも繰り返されていくとしよう。もしそうだとすれば、自分が何かをしようとするときに「何万回繰り返しても、やはりそれを選ぶか」、つまり、その行為は真に自分の生を肯定するものになるか、と問わざるを得なくなるはずだ、と彼はいう（『悦《よろこ》ばしき知識』§341）。

しかしこの説は、かえって絶望をもたらすかもしれない。苦しい過去をもつ人は多いはずだが、その苦しい過去が何度でも回帰してくる、というのだから。しかしそれでも「私の人生よ、何度でも戻ってこい」と叫ぶ（つまり自分の人生を総体として肯定する）ことはどうやって可能か、とニーチェは問う。そして、ツァラトゥストラ（＝ニーチェ）は答える。人生のすべてはつながっているのだから、もしたった一度でも、ほんとうに心が震えるような悦びを経験したならば、さまざまな苦悩を含めたこの生全体を肯定できるだろう、と。

これはとても美しい言葉だが、これまでの人生の肯定につながるだけで、「これからどう生きるか」にはつながらないのでは？　そう疑問をもつ人もいるかもしれない。――誰かを好きになったこと、何かを友達といっしょになって創り出したこと、そんな悦びの感覚を、ルサンチマンのなかで人は忘れてしまう。しかし悦びをほんとうに思い出すことができたなら、ルサンチマンを乗り越えてこれからの悦びを求めていけるはずだ。そんなメッセージがここには含まれている、と私（西）は思う。

［未来への架け橋］ 真理から確かめ合いへ

ニーチェは、「どこかにあるはずの真理を探すのではなく、自分が高まる道を探せ」といった。そのメッセージは、いまの私たちにもまっすぐ届いてくる。しかし、どうやって高まる道を探せばよいのか、と途方にくれる人もいるだろう。絶対の真理がどこかにあるのでなくても、「私にも他人にも悦びをもたらすような、価値あることとは何か」について、身近な具体例からスタートして確かめ合っていくことはできるはずだ。真理ではなく、確かめ合いと共通理解へ。そしてこれはもともと、ソクラテス以来の哲学がめざしてきたものでもあった。

◉哲学の問い……考えるヒント　人間の育ちの過程を考えてみよう。まず子どもは親から「やってよいこと・悪いこと」を学ぶ。親から嫌われたくないからだ。しかし友達どうしで遊ぶようになると「親が言うから」ではなく、互いが気持ちよく遊ぶためにルールが必要であることを学んでいく。

●読書案内　『知識ゼロからのニーチェ入門』竹田青嗣・西研・藤野《ふじの》美奈子《みなこ》（幻冬舎）・『ニーチェ入門』竹田青嗣（ちくま新書）・『NHK「100分de名著ブックス」ニーチェ　ツァラトゥストラ』西研（NHK出版）

実存主義

キルケゴール（一八一三－一八五五）　ニーチェ（一八四四－一九〇〇）
ハイデガー（一八八九－一九七六）

　近代とは、人間が「理性」の力を頼りに、自然や社会をコントロール可能なものへと改変しようとした時代といえる。科学技術の進歩は自然の脅威に対処する可能性を向上させた。また多くの国家が伝統的支配から脱し、自由な個々人の契約関係による市民社会に転じていった。人がよりよく生きるための一般条件はかくして高まっていった、かのように見えた。

　いやしかし、果たして「ほんとう」にそうなのか。たとえ首尾一貫した世界説明や、理屈のうえでよく整った社会の仕組みが考案されたとして、この私がその意義を実感できなければ何の意味があるのか（事実、近代以降の歴史は、度重なる世界大戦や個人間の経済格差など、現実的諸問題を産み落としてきた）。大切なのは、ただ一度きりの生を生きる「この私」＝「実存」に立ったうえで、「ほんとうによく生きる」ことの内実を見出《みいだ》していくことではないか。これが「実存主義」思想に通底するモチーフである。

「認識する知性（理性）」ではなく、「気分（情状性）」に揺さぶられつつ生きている現場そのものが、「実存主義」の拠《よ》り所となる。キルケゴールの場合、形骸化した教会や欺瞞《ぎまん》に満ちた大衆社会に抗《あらが》い、寄る辺ない生を生きる「不安」を直視する中から、キリストへの信を主体的に選び直そうとした。『存在と時間』のハイデガーも、「生の現場」に足場を据えた考察を通して、人間が自身の可能性をめざして生きていることを明らかにした。「真理、客観など存在しない」ことを明言し、世に正しいとされることの多くに抗ったニーチェにしても、その真意は「生の昂揚感《こうようかん》」に根ざして生きることの可能性を見出していくことにあった。

　だがこうした「実存主義」にしても実は、伝統・習俗の桎《しっ》梏《こく》から解き放たれ「一人一人の考える私」を礎に展開した近代哲学の潮流から生まれているのだ。理性主義とされ、実存思想とは対極に捉えられがちなヘーゲルにしても、その思想の要は、それぞれの「実存」を活《い》かしあえる社会の実現（一般福祉の向上）にあった。「この私にとって」という視点を徹底させた実存主義は、哲学の営みにとって本当に大切なことを、あらためて気付かせてくれる。

現代

エスと超自我

もう一人の「私」

フロイト［自我とエス］

われわれは、心の深層にもう一人の見知らぬ「自我」をもっている……。フロイトは、人間のうちに潜む無意識の世界を見出《みいだ》して、ヨーロッパの人間思想に多大な影響を与えた。

しかし他方で自我は、哀れな存在にみえてくる。自我は三つの仕事を請け負わされていると同時に、三つの脅威に脅かされているのである――外界からの脅威、エスのリビドーからの脅威、苛酷な超自我からの脅威である。この三種類の脅威に対応して、自我は三種類の不安に悩まされている。不安とは、脅威からの退却に他ならないからである。境界に存在する自我は、世界とエスの間を媒介し、エスを世界に順応させ、筋肉反応によって、世界をエスの願望に応じさせようとする。自我は、精神分析の治療をしている医者のように行動するのである。自我は現実の世界に注意

◆解読

［前期フロイトの基本図式は、「〈意識〉↕〈前意識〉↕〈無意識〉」というものだったが、後期フロイトでは、「〈超自我〉↕〈自我〉↕〈エス〉」という構図になる。ここでは人間の〈自我〉は「死の衝動（欲動）」と「生（エロス）の衝動」の間に立つことになる。以下は、この構図の基本説明だ。ここで〈超自我〉は親から受け入れた無意識の強いルール、〈エス〉は無意識の性的衝動の領域を意味する。］

一方で、自我は哀れな立場に立たされる。すなわち〈自我〉は、三つの仕事を請け負う。①外界からの不安に対処すること。②エスのリビドー（性的衝動）を充《み》たすこと。③〈超自我〉からの要求に応《こた》えること。そしてこの三つの課題がそれぞれ〈自我〉にとっては脅威であり、したがって不安の源泉となる。

要するに、〈自我〉は、性的衝動（「エス」）の要求と現実への対処という二つの矛盾することがらを、調停しなければならない。つまりちょうど精神分析医が一方で患者の無意識の願望をひき受けながら、一方で、彼が現実に対処する力をもてるように努力するように、つねに、

を向けることによって、エスに対して自らをリビドーの対象として提供し、このリビドーを自分に向けようとする。自我はエスの〈助け手〉であるだけでなく、エスに服従する〈奴隷〉でもあり、〈主人〉の愛を求めるのである。（中略）

自我は、二種類の欲動の間で、中立の立場をとることはできない。自我は同一化と昇華の仕事によって、エスの中の死の欲動に荷担し、リビドーの克服を助ける。しかしその際に自我は、死の欲動の対象となり、自ら滅びるという脅威に直面する。自我は自らを助けるためには、リビドーで満たされる必要があり、これによって自らエロスの代理となって、生き、愛されようとする。

しかし自我の昇華の仕事は、欲動の解離と超自我の攻撃欲動の解放をもたらす。そのため自我はリビドーと闘いながら、虐待と死の危険に身をさらすことになる。（中略）

自我はもちろんそれ自体が不安の場所である。（中略）。

自我が外部の脅威や、エスにおけるリビドーの脅威として何を恐れているかは、特定できない。われわれにわかるのは、これは圧倒されることや絶滅されることへの不安であることだけであり、これを精神分析で把握することはできない。自我は要するに、快

衝動の力と現実への配慮とのバランスを調整する役割を負うのである。

しかし、〈自我〉にとってこの調停の仕事をうまく続けることはとても難しい。自我は、性的エネルギーを、何らかの理想像に同一化したり、社会的な仕事に向けて「昇華」したりすることで、これを克服しようとする。しかしこれは、エロス的エネルギーを抑えつけ、「死の欲動」に傾くことを意味する。

性的リビドーを「昇華」によって解消すると、欲動の解離（死の衝動と生の衝動がバランスを失うこと）を引き起こし、死の衝動を代表する「超自我」が、生の衝動に対立する仕方で強い攻撃性として現れるのだ。

「自我」は不安の場所だが、不安は自我が圧倒され、存在を脅かされることからくる。しかし個々人の不安の根が具体的には何に由来するのかは、精神分析でも突き止められない。だがその根本の構造は指摘できる。

自我は基本的に、不快を遠ざけ快へ向かおうとする本性をもっている（快感原則）。ここで自我にとって不安（＝不快）の源泉となっているのは、かつて子供に去勢不安をもたらし、つ

感原則の警告に従うのである。しかし、超自我に対する不安、良心の不安の背後に、自我が隠しているものは指摘することができる。自我理想になった〈高貴な存在〉は、かつて自我を去勢で脅したのであり、この去勢不安が、その後の良心の不安が集まる中心核となっているようである。良心の不安として引き継がれるのは、この去勢の不安なのである。

すべての不安は、本来は死の不安であるという印象深い文句があるが、これは意味のない言葉であり、表現としても正しくない。それよりも死の不安と、対象〈現実〉不安や神経症的なリビドー不安を区別する方が適切であると思われる。〈中略〉

死の不安は、二つの条件のもとで発生することが明らかになっており、これらはその他の不安の発生の条件とごく似たものである。すなわち、外部の脅威への対応として発生するか、メランコリーなどの場合のように内部のプロセスとして発生するかである。ここでも神経症が、現実の不安を理解するために手引きとなる。

メランコリーの死の不安を説明する方法はただ一つしかない――自我が超自我に愛されるのではなく、超自我に憎まれ、迫害されると感じているため、自我が自らを放棄するのである。自我にとって「自我理想」となったもの、つまり「父親」の威力に対する無意識の恐れである。そしてこれがわれわれ「良心の不安」の源泉であると考えてよい。

すべての不安は死の不安に根をもつという言い方〈これはハイデガーの説〉もあるが、十分な根拠があるとは思えない。むしろ、死の不安と、対象〈現実〉への不安、そしていま述べたような父親の威力からくる神経症的、リビドー的不安とを、適切に区別することが必要である。

メランコリー的〈気分が沈滞すること。憂鬱に支配される精神状態〉な死の不安を、精神分析的に説明すると以下になる。象徴的にいえば、自我にとって最も重要なのは、「超自我」から愛され認められることだが〈「超自我」とはいわば「無意識に存在する父親のルール」である〉、幼少期に問題があると、自我は「超自我」から疎まれ、憎まれているという感じをぬぐえない。つまり自我は、「超自我」から許されていないと感じ、そのことで自分自身へ攻撃性を向けている。この攻撃性は無意識的な「死の衝動」を含んでいるために、メランコリー的な死の不安が生じるのである。

にとっては生きるとは、愛されること、超自我に愛されることであり、超自我はここでもエスの代理人として登場する。超自我は最初は父のように、後には神意や運命のように、保護し、救済するという同じ役割を果たす。しかし自我が過大な現実の危険に直面し、自分の力では克服することができないと信じても、自我は同じ結論を下さねばならない。自我は自らを保護するすべての力に見捨てられ、自ら死ぬに任せるのである。さらにこれは、最初の大きな不安状況、すなわち出生時の不安や幼児の憧憬の不安、保護してくれる母親と分離する不安の基礎となっている状況と同じものである。

この説明に基づいて、死の不安は良心の不安と同じように、去勢不安が加工されたものとして理解することができる。神経症者では、罪責感が大きな役割を果たしていることから、重篤な場合には、自我と超自我の間の不安（去勢、良心、死の不安）が発生すると、普通にみられる神経症的な不安が強まると考えられる。

出典：一九二三年発表。本文は『自我論集』ちくま学芸文庫（中山元《なかやまげん》訳）によった。

◉哲学の問い………… 自分の中に無意識の「超自我」があるかどうか、あるとすればどういう形をとっているか、考えてみよう。

この「超自我」による無意識の不安は、人間にとって、出産時に生じる大きな不安や幼児期における母親から引き離される不安などとともに、人間の最も初期的かつ基本的な不安の源泉となっている。

このように、「死の不安」は、「良心の不安」と同じく、父親による去勢不安がその無意識的源泉であるといえる。神経症者では、この父親の威力が内面化されて形成された「超自我」の力がとくに大きくなっており、そのために、罪責感、良心の不安、そこからくる暗黙の死の不安などが、神経症的な不安の症状となって強く現れるのである。

フロイトについて 一八五六―一九三九

【人と時代】「無意識」を発見、各界に大きな影響を与える

精神分析の創始者であるフロイトは、「無意識の発見者」として、現代思想にも大きな影響を与えた人物である。近代社会においては、人間は合理的に物事を考えて行動する存在とみなされ、理性に大きな信頼が寄せられていた。しかしフロイトによって、人間は必ずしも理性的に行動しているわけではなく、無意識に支配されている、という新しい人間像がもたらされたのだ。

フロイトは一八五六年、オーストリアのユダヤ人家庭に生まれ、やがてウィーン大学に進み、医学の道を歩みはじめた。そして大学卒業後の一八八五年、留学したパリにおいてシャルコーの催眠術を目にし、無意識の存在を確信するようになる。同じ頃、彼は友人の医師ブロイアーのヒステリー患者が、忘れていた記憶を思い出す度に症状が改善されたのを知り、無意識を自覚すれば心の病は治る、と考えるようになった。ここに、無意識を解釈し、患者に自覚させる方法として、精神分析療法が確立されたのである。

だが、二〇世紀前半に巨大な影響力をもった精神分析も、当初は多くの批判を浴びていた。とくに初期に発表した性的外傷説（ヒステリーは幼児期における性的誘惑・虐待が原因だという説）の評判は悪く、フロイトは神経症的なうつ状態に追い込まれている。彼は自らの苦悩を解決するために、自分の夢を分析し、親友のフリースに手紙で送り続け、心の奥底にあった母親への愛情と性的欲望、父親への嫉妬と憎しみ（エディプス・コンプレックス）に気づかされた。父親を尊敬するあまり、この憎しみに無自覚だったのである。フリースへの愛と憎しみもまた、父への愛と憎しみが投影（転移）されたものだった。このように、自己分析をとおして自らの神経症を克服したフロイトは、この経験によって生み出された理論を整理し、『夢判断』（一九〇〇年）『精神分析入門』（一九一六年）など、次々に重要な著作を世に送り出した。晩年も「快感原則の彼岸」（一九二〇年）や「自我とエス」（一九二三年）など、斬新な理論を発表し続けたが、やがてナチスによるユダヤ人迫害を逃れ、ロンドンに亡命。一九三九年に癌《がん》で没する。

フロイト没後も精神分析の発展はめざましく、精神医療の領域を超え、思想、文化、芸術にまで、広範な影響をもたらしている。現在、精神医療の現場において精神分析は多くの批判にさらされているが、少なくとも現代の精神医学、心理療法の発展は、フロイトを抜きにしては語れない。二〇世紀はまさに精神分析の時代だったと言えるだろう。

［思想］　人間思想としての深層心理学

フロイトの思想の全体像を知るには、まず彼の夢の理論を理解する必要がある。フロイトはウィーンで神経症を治療する町医者として出発したが、その過程で夢分析という独自の療法を開発する。この夢の理論がたいへん興味深い。なぜ夢はつねに支離滅裂なのか。フロイトの答えは次の通りである。

フロイトの図式では、人間の心は、「意識」の領域と「無意識」の領域に分かれるが、「無意識」には抑圧された性的なエネルギー（リビドー）がため込まれている。リビドーは、「意識」の領域に上ろうとするが、ふだんはそれを押さえ込む検閲の力が働いている。さて、人が眠ると自我の力が弱まり、リビドーは「意識」の領域へ向かう。だが検閲の力が一定に働いているため、リビドーは、その中味がひどくゆがめられた形でしか意識に現れることができない。フロイトによると、これが夢の内容が支離滅裂である理由なのだ。

次に、この支離滅裂な夢内容は、無意識の内容が検閲によってゆがめられたものだから、いわば暗号をかけられた言葉と考えられる。この暗号のコードが分かれば、支離滅裂な夢言語をもとの形に置き直すことができるはずだ。これが夢の解読、つまり夢分析である。

こうして、夢分析がフロイトの精神分析の方法の中心方法となる。治療者は夢の分析を通して患者が自分自身の無意識のありようを理解することを助ける。そして神経症の症状は、患者が自己の抑圧された心の状態を自覚することによって軽減されるのである。

さて、この夢の理論から出発して、フロイトは人間の心についての大きな仮説をつぎつぎに作り出していった。最もよく知られているのが、エディプス・コンプレックス理論だ。幼い子ども（男児）は、はじめ強く母親に愛情を向けているが、父親の威力（いつまでも母親に愛情を向けていると去勢されるという恐れ＝去勢コンプレックス）によって、ある時点でこれを断念し、やがて父親に同一化することで母親から離れて自立してゆく、という心のプロセスをへる。たいていの男児がこのプロセスをたどるが、この過程がうまく進まないと、性的エネルギーが未成熟な段階に固着し、神経症の原因になるとされる。

また、後期フロイトは、この考えをさらに進めて、人間のうちには本質的な衝動として、「生の衝動」と「死の衝動」がせめぎあっており、このバランスがくずれると、やはり病的な形をとる、というきわめて独自の仮説を提出した。

このフロイトの「深層心理学」は、二〇世紀に登場したまったく新しい人間思想として、さまざまな分野に甚大な影響を及ぼした。しかし興味深いことに、その理論的仮説の多くは、フロイトの予想に反して、ほとんど実証されることなく仮説のままにとどまっている。このことから、実証主義的な精神医学からは、フロイト心理学の限界を指摘する批判もきわめて強い。しかし、フロイトの理論を、単に実証的な観点からではなく、二〇世紀の人間思想として見れば、それが果たした役割はきわめて大きいといわざるをえない。

[本文解説]「エス」と「超自我」という二つの力

後期のフロイトの心の図式は、「超自我」↕「自我」↕「エス」である。

これが意味するのは以下のようなことだ。われわれは自分の「自我」が自らの主人公だと考えているが、フロイトによると、「自我」は、二人の主人をもつ使用人にすぎない。まず「エス」だが、これは性的なリビドーの欲求をたえず自我に押しつける。自我は、現実の要求とバランスを取りながらも、つねに「エス」の要求に配慮せねばならない。もう一人は「超自我」。これはいわば父親の威力と命令がいつの間にか内面化されたもので、つねに、「かくあらねばならない」という道徳的なモラルの要求を与えてくる。そして、この二つの主人の要求は、たいてい矛盾する性格をもつため、自我はその板挟みになって苦しむのである。

このフロイトの考えをもう少し噛《か》み砕いてみよう。人間の「自我」は、一方でエロス的な欲求の力と、もう一方で道徳的な「かくあるべし」という反対の力（超自我の力）の間で、つねに引き裂かれている。この二つの要求がうまくバランスがとれているとよいが、なかなかそれが難しい。エロス的欲求を、例えば社会的な活動に置き換えるなどの昇華の行為でこれを押さえつけすぎると、バランスが壊れ、無意識のうちに「攻撃性」が強く現れたりするのだ。

しかし、われわれはふつう、このような自分の中の二つの要求の矛盾をうまく意識できない（無意識である）。そこで、このバランスの失調がひどくなると、不安という症状として現れ出るのだ。不安神経症やうつは、われわれがこのような自分の中の暗黙の要求の力をよく自覚できず、またそのためによく制御できないことから生じる。

こういいかえてみると、フロイト説は、なかなかわれわれの実感に即したものであることが分かる。われわれのうちには、たえず二つの背反する力、エロスを求める力と、それを抑制し道徳的たろうとする力がせめぎあっている。フロイトによれば、一つは「性的リビドー」であり、一つは「父親の力に由来する道徳的ルール」である。それがはたして「生の衝動」と「死の衝動」という根本本能であるかはまだ実証されない。しかしにもかかわらず、この二つの力をよく自覚することによって、自分の「不安」をうまくコントロールできる可能性がある、という考えは、きわめて説得力ある思想だといえるだろう。

［未来への架け橋］　心のありようは改善することができる

［思想］で触れたように、現在、実証主義の立場からはフロイトの大きな仮説に対する強い批判がある。しかしにもかかわらず、思想家としてのフロイトは、現代社会においてとても重要な意味をもっている。

　近代以前では「社会」をどう考えるかという問いはなかった。神様と王様が絶対的に偉い、それで終わりだ。つまり「神が何か」という問いはあったが、「社会」の構造を考えるという発想がそもそもなかった。

　じつは、「心」についても同じだ。近代哲学がはじめて「社会の構造」について考え、そのことでいかにして人間生活の基本条件としての社会をよい方向へ変えてゆくか、という問いを設定した。これと同じく、フロイトははじめて「心の構造」という考え方を示したのだ。それまでは、人々は、心を生まれつきの性質としか考えなかった。フロイトがはっきりと示したのは、人間の心は、幼少期の親との関係の中で徐々に〝構成〟されていくものだ、という考えである。人の心は関係の中で形成されてゆき、人間関係上の基本的な態度を作り上げる。大事なのは、人はふつうはそのことを意識できない（無意識である）ということ、しかしこのことを自覚できれば、心のありようを改善することができる、ということである。この点で、フロイト理論は、近代社会における本質的な人間学の出発点となったとともに、現代人の誰もが学ぶべき基礎的教養だといえる。

◉哲学の問い……考えるヒント　フロイトでは、「超自我」は、無意識に保存されている「幼少期」の頃の父親の命令のこと。ただ、もっと広く、知らないうちに自分を縛っている「自己ルール」、と考えてよい。例えば人の期待に応えようとしすぎる、とか。

●読書案内　『フロイト思想を読む――無意識の哲学』竹田青嗣・山竹伸二《やまたけしんじ》（ＮＨＫブックス）

シニフィエとシニフィアン・ラングとパロール

言葉とは何か

ソシュール［一般言語学講義］

「存在の謎」「認識の謎」と並ぶ哲学のもう一つの大きな謎が、「言語の謎」だ。動物の世界はいわば物の世界だが、人間の世界は、言葉によって編まれた独自の世界なのだ。そこからさまざまな謎が現れるが、ソシュールはこの言語の謎を解こうとした。

シニフィエとシニフィアン

ある人々にとっては、言語は、つきつめてみれば、ひとつの用語集にほかならない、いいかえれば、もののかずに相当する名称の表である。

この見解はいくたの点で批判の余地がある。それは語より前に存在する既成観念を予想する。それは名前というものが、声音的性質のものであるか、心的性質のものであるかを、語ってくれない。（中略）

言語記号が結ぶのは、ものと名前ではなくて、概念と聴覚映像

◆解読

多くの人々は、言葉を、いわば事物の数だけ存在するその名前についての「用語集」のように考えてきた。しかし、この考え方には問題がある。まず、この考えでいくと、言葉が存在する以前に、すでに事物の概念が存在していたことになる。ここではまた、「名前」の本質が、音＝記号的なものか、それとも心の中にあるものかもはっきりしない。

われわれはこう言おう。言語記号が結びつけているのは、「もの」と「名前」ではなくて、「概念」と「聴覚映像」である、と。つまり、ある音の連なりのイメージ（像）が、なんらかの「概念」を喚起するのだ。このことは、われわれが、口で音も出さずに何かの言葉（例えば「オオカミ」）を心につぶやくだけで、その（狼《おおかみ》の）概念や像が浮かんでくるのをみれば分かる。こうして、言語記号を、つぎの二つの本質的要素からなるものとみなしてよい。

以後われわれは、記号（シーニュ）という語を、言葉の全体と示すものとし、「概念」と「聴覚映像」を、「所記＝シニフィエ（意味され

である。後者は、じゅんすいに物理的である資料的音声ではなくて、そうした音声の心的印刻であり、われわれの感覚によって証拠だてられるそれの表象である。それは感覚的である。（中略）
　われわれの聴覚映像の心的性格は、われわれじしんの言語活動を観察するときに、はっきり現われる。われわれは唇も舌も動かさずに、独りごとをいうことも、詩の一節を頭のなかで吟ずることもできる。（中略）
　言語記号は、それゆえ、二面を有する心的実在体であって、図示すれば：

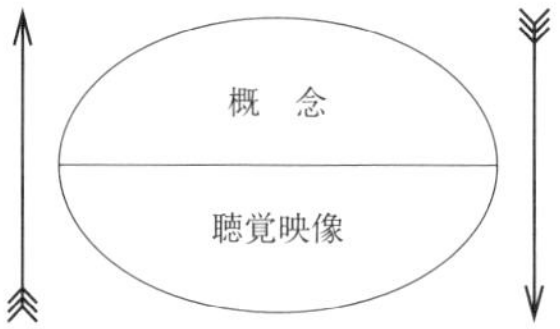

　この二つの要素はかたくあい結ばれ、あい呼応する。（中略）
　われわれは、記号という語を、ぜんたいを示すために保存し、概念と聴覚映像をそれぞれ所記（シニフィエ）と能記（シニフィアン）にかえることを、提唱する。（中略）
　能記を所記に結びつける紐帯《ちゅうたい》は、恣意的である、いいかえれば、記号とは、能記と所記との連合から生じた全体を意味する以上、われわれはいっそうかんたんにいうことがで

るもの）」と「能記＝シニフィアン（意味するもの）」と呼ぶことにしたい。その上でなにより重要なことは、「所記＝シニフィエ」と「能記＝シニフィアン」の結びつきは、恣意的であって、必然的なものではないということだ。これを定式化すれば、「言語は恣意的である」といえる。

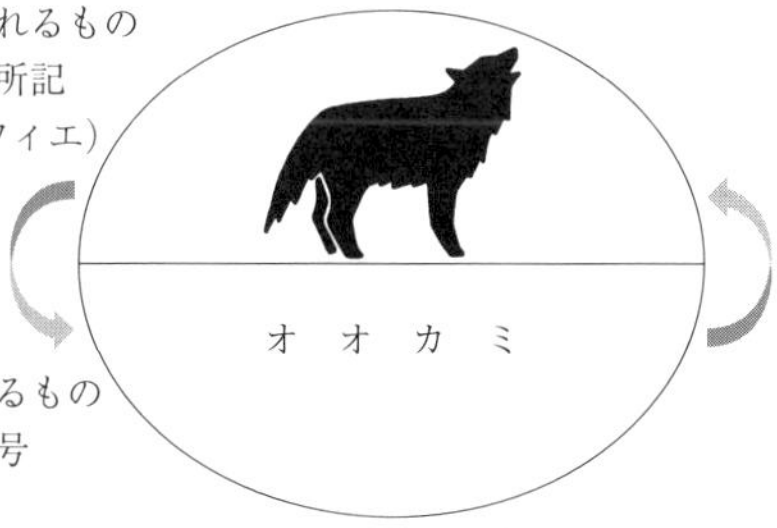

きる。言語記号は恣意的である。（中略）

ラングとパロール

以上数段にわたる論旨を要約し（中略）原理に関係づけてみよう。

1．われわれはみのりすくない字義的定義をさけて、まず言語活動の呈する総体的現象の内部に、二個の要因を識別した。言語と言を。言語は、われわれにしたがえば、言語活動から言を差し引いたものである。それは話手をしてひとを理解し、おのれをひとに理解させることをゆるす言語習慣の総体である。

2．しかしこの定義は、まだ言語を社会的実在の外に取り残している。それはこれを非現実なものにしている、なぜなら実在の一面、個人的部面しか取り入れぬからである。言語が存在するためには話す大衆（masse《マス》 parlante《パルラント》）が必要である。いついかなる時にも、そして外見とはうらはらに、言語は社会的事実の外には存在しない、なぜならそれは記号学的現象であるか

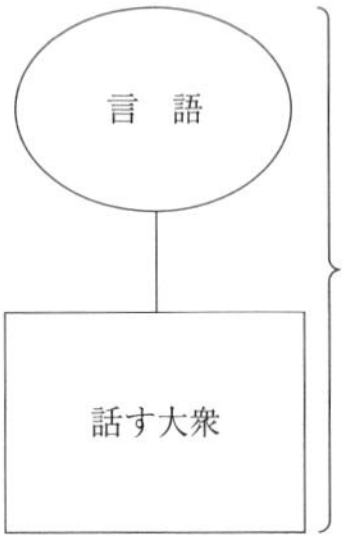

図１

［ソシュールは、言語を、まず「シニフィアン」（言語記号）と「シニフィエ」（概念）に区分して示した。ここではもう一つの重要な区分が示される。それが「ラング」（言語）と「パロール」（言）である。この「ラング」「パロール」の用語はよく知られているので、これを補って解読する。］

われわれはここまで、言語の活動の全体的な領域のうちから、二つの中心的な契機（要素）を見出《みいだ》した。つまり「言語」（ラング）と「言」（パロール）である。

われわれの定義では、「ラング」（言語規則）は、言語活動の総体（ランガージュ）から、「パロール」（話すこと）を差し引いたものといえる。つまり、「ラング」＋「パロール」が言語活動全体となる。

しかしこの定義だけでは、言語が社会の中で生きている重要な本質を十分に表現できない。言語が存在するには、広範な「話す大衆」が必要である。多くの人々がつねに多様な発話行為＝パロールを続けていること、これが言語の社会的事実である。

このことは、次の図として示すことができる（図１　ラングがパロールの規則を決めている）。

ら。それの社会的性質はそれの内的特質の一つである。それの完全な定義は、不可分の二物のまえにわれわれを置く、図が示すように。

しかしこれらの条件下にあっては、言語は生きうべきものではあるが、生きてはいない。われわれの考慮してきたのは、社会的実在のみであって、史的事実ではない。

3．言語記号は恣意的であるから、このように定義された言語は、意のままに組織することができ、もっぱら合理的原理に依存する自由な体系であるかのように思われる。（中略）それにもかかわらず、言語を目して、当事者たちの思いのままに変更しうる単純な制約とみることを妨げるものは、それではない。社会力の作用と結びつくものは、時間のそれである。持続の外にでるときは、言語的実在は完全ではなく、どのような結論もくだすことができない。

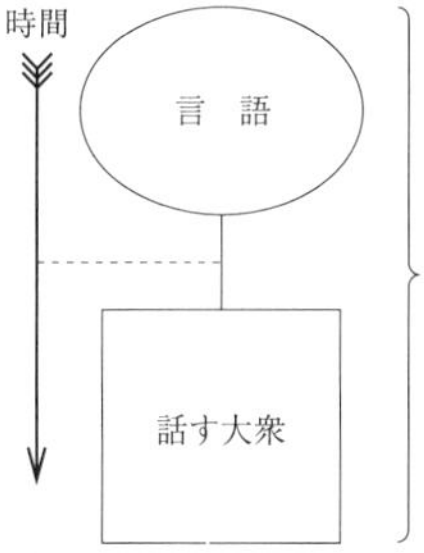

図2

いまもし言語を時間のなかに取り、話す大衆をのけてみるときは——たったひとりの人間が、数百

しかし、この関係だけでは、不十分である。もしラング（言語の規則）がパロール（話すこと）を完全に規則づけているなら、われわれは言語のありようをいわば意のままにコントロールできるだろう。しかし、それを不可能にしているのは、言語における「時間」の存在にほかならない。

言語における「時間」の要素を度外視すれば、言語（ラング）にはどんな変化も生じないし、また、言語は、大衆の語る行為（パロール）からどんな影響も受けないことになる。だがこの考えでは、言語の社会的な本質を理解することは難しい。われわれは、大衆による「話す行為」という要素を言語の重要な本質として考え、さきの図にこの要素を組み込むことにしよう（図2）。

すると、ここでは、大衆のたえざるパロール（言）の行為が、ラング（言語の規則）を少しずつ変化させることになる。このことで、なぜ「言語」というものが、われわれにとって自由にならないものかという理由が明らかになる。「時間」という要素、つまり大衆がつねに語りつづけるその時間の流れこそが、言語の不易性年間も生きていると想像してみよう――おそらくなんらの変遷をも認めないであろう。時間はそれには作用しないであろう。逆に、時間のない話す大衆を考えてみるときは、言語に作用する社会力の効果をみないであろう。それゆえ実在のなかにあるためには、第一の図に、時間の進行をしめす記号を加えねばならない。

　このときから、言語は自由ではない、なぜなら時間がそれに作用する社会力をして効果を発揮せしめるからである、かくしてわれわれは自由を無効にする連続性の原理に到達するのである。

出典：一九一五年公刊。本文は『一般言語学講義』岩波書店（小林英夫《こばやしひでお》訳）によった。

◉哲学の問い…………　社会や経済は、どういう点で「ラング」－「パロール」の構造に似ているだろうか。また、ほかにこの構造をもつものがないか、考えてみよう。

（変化しにくさ）をのり超えて、これを徐々に、またたえず変化させてゆく根本の原因なのである。

ソシュールについて　一八五七ー一九一三

［人と時代］　構造主義への扉を開いた近代言語学の父

ソシュールは一八五七年、スイス、ジュネーブの知識階級を代表する名門の家に生まれた。少年時代に、互いの別荘が近かった言語学の老大家ピクテとの夏ごとの交流で、言語学への情熱に目覚め、一四歳で執筆した処女論文はピクテに送られた。一五歳の時には「鳴鼻音」の存在を推測するも独自の学説を立てる自信がなかったため、発表しなかった。ところが数年後に留学したドイツのライプツィヒで、同じ発見を八歳年長の言語学者ブルークマンが発表し、言語学界に大反響を引き起こしたことを知る。二一歳で発表した比較言語学の論文は高く評価され、大学卒業前にゲルマン語学者ツァルンケから「君は同名の有名な言語学者の親類か」と尋ねられた逸話を残す。だが、ブルークマンの模倣との批判は長く彼を苦しめた。

一八八〇年からパリの高等研究実習院で講師を務め、その卓越した講義は人柄とともに多くの学生を魅了した。九一年には帰化を条件に最高学府の教授就任を打診されもしたが、辞退しスイスに帰国。ジュネーブ大学教授に就任した。ところが数年のうちに、前半生を捧げた比較言語学への絶望感が彼をとらえ、その後は構想していた言語学の著作も断念、記号学・アナグラム研究・神話伝説研究に力を注いだ。

だが前任者の退職にともない、断りきれずに引き受けた「一般言語学」の講義が彼の名を後世に残す。一九〇七年から三期にわたり行われた授業の聴講者数は各学期わずか十人前後。ソシュール自身はこの主題を著作にまとめる意志がなく、講義メモすら破り捨てたと伝えられる。一九一三年に死去した後、その画期的内容が失われることを惜しんだ弟子たちが、聴講ノートをもとに編纂した『一般言語学講義』を出版。ソシュールの意図と異なる書き換えが施されたとの批判も受けるこのテクストが、やがて言語学の枠を超え二〇世紀の思想に大きな影響を与えていくことになる。

［思想］　言語が世界を作る

われわれはふつう、世界はそれ自体として存在しており、自然科学は、この世界の客観的なありようを正しく認識している、と考えている。しかし、二〇世紀以降のヨーロッパ現代思想では、この「客観としての世界」という考えはほぼ否定されている。またそれにともなって、客観の認識としての「真理」という考えも強くしりぞけられる。ソシュールの言語思想の特質をよく理解するには、まず、この

「客観世界」とその正しい認識という考えを、いったん取り外さないといけない。

ソシュールは、言語記号を、シニフィアン（言語記号）とシニフィエ（概念）という要素に区分し、その結びつきは「恣意的」であること（必然的でないこと）を強調した。その意味は何だろうか。これを簡潔にいえば次のようになる。

例えば人間は、森、河、野原、木、石、獣、鳥などの事物を言葉で区分している。そしてそれは、自明の区分のように見える。つまり、自然がすでにそのように分かれていて、人間がそれに名前をつけただけのように見える。しかしもう少し詳しく考えてみよう。例えば色の区分だ。日本では虹は七色だという。しかしヨーロッパでは六色がふつうだし、ある文化では三色にしか区分しない。記号と概念の結びつきが「恣意的」とは、世界の区分は、事物の秩序によってあらかじめ決まっているのではなく、むしろわれわれが話している言葉によって、世界の秩序が区分されている側面がとても大きい、ということを意味する。

この発見は、そういわれてみるとなるほどと納得できる程度のことのようだが、じつは、現代の世界認識にとってきわめて大きな意味をもっていた。世界は客観的な秩序をもって存在しており、自然科学はその秩序を正しく認識する。これはヨーロッパ近代の伝統的な認識論の前提だった。ソシュールの言語論は、この自明の世界像に、決定的な衝撃を与えたのだ。

まず世界の客観的区分があって、それに言葉が貼りつけられたのではなく、人間が多様な言葉を生み出すことによって、世界を〝分節〟し区分してきた。これが、シニフィアンとシニフィエの結びつきが「恣意的」である、という発見の重要な帰結である。つまりこれは、ヨーロッパにおける言語思想のコペルニクス的転回ともいえるような考え方の大きな転換を意味する。

一七世紀にガリレイは地動説を唱えて、それまでのキリスト教的世界像を転倒させた。ソシュールの言語思想は、それと同じほどのインパクトをもっている。それはヨーロッパに固有の客観世界の概念や、その絶対的認識としての「真理」の概念の根本的な転倒を準備するものだったからだ。もういちどいうと、世界が言語のありようを決めているのではなく、言語の使用が世界のありようを決めている、ということだ。

ちなみに、ヨーロッパにおける「客観＝真理」の世界像の根本的な転倒は、一人の思想家によって果たされたのではない。まず「神は死んだ」といったニーチェ、次に言語の恣意性を主張したソシュール、客観世界の「エポケー」を方法化したフッサールといった思想家たちが、この大きな転倒を主導した先駆者だったことをつけ加えておこう。

［本文解説］言語の本質は社会の本質に通じる

ソシュールの言語分析では、いくつかの重要な構造の分析がある。その中でとくに以下の二つが重要である。

①シニフィアンとシニフィエ（言語記号と概念）。

②ラングとパロール（言語規則と発語行為）。

①の「シニフィアン」と「シニフィエ」というフランス語の表記による対比はよく使われるので、できればこのまま覚えたほうがよい。英語でいうと、signifying「意味するもの」とsignified「意味されるもの」で、つまり「言語記号」と「その概念内容」ということになる。

例えば、「オオカミ」という音はシニフィアンで、「狼」がそれによって意味されているもの＝シニフィエだ。こうして、ソシュールの定式では、言語記号（シーニュ）は、シニフィアンとシニフィエという根本要素が結びついたもの、という構造をもつとされる。一見、誰でも思いつきそうな分析だ。しかしじつのところ、この構造を示すことでソシュールは、現代言語学に決定的な革命を起こしたのだ。

言語記号を、シニフィアンとシニフィエという基本構造として考える。するとこの両者の関係は、「恣意的」であることが分かる。まずそれぞれの言語によって、この結びつきはまったく違う（日本語の狼は、英語ではウルフ）。それから、時代によっても言葉の意味は違う。例えば「カゲ」は、今の「影」や「陰」のみならず、昔は光や光景の意味をもち、「あやし」は「不思議」という意味で使われたが、現代の「怪しい」という意味はなかった。

そして、この考察が追究されることで、［思想］で見たように、ヨーロッパの「客観主義」や「真理主義」的な世界像が決定的に批判されることになったのである。

②の「ラング」と「パロール」という構造の分析も、たいへん重要な意味をもっている。ここで言われているのは、われわれの日常言語を規定しているのは「一般的な言語のルール」だが、しかしたえず行われる日常言語は、逆に、少しずつ「言語の一般ルール」を変化させてゆく、ということだ。言葉のルールを誰も勝手に変えることはできない。だがまた、言葉は徐々に必ず変化してゆく。その理由も言語の「恣意性」にある。この分析も、誰もがなるほどと思うだろう。しかしもっと重要な点がある。

言語とはいったいどういうものかについて、ひとことで答えるのは難しい。しかしとりあえずそれを、一つの大きな「ルールの束」としてのシステムと考えてみよう。するとソシュールの分析の重要性が浮かんでくる。というのは、われわれの「社会」とか「文化」といったもの、また「経済」のシステムといったものも、大きな「ルールの束」としてのシステムだといえるからだ。

社会や文化もまた、一定の慣習的なルールの束であり、われわれはその中で、その慣習的なルールに従って生きている。しかし、多くの人間の関係的な営みがまた、徐々にかつ必然的にこの慣習的なルールの束を変化させてゆく。ソシュールの分析は、言語の一般分析である。そして彼がここから取り出した構造的な本質は、おそらく、われわれの「社会」や「文化」の本質的な構造に深く通じているといえるのである。

［未来への架け橋］社会の普遍的な構造をとらえられるか

フッサール現象学の解説にもあるように、自然科学では客観的な認識（共通認識）が成立しうるが、人間や社会的な問題では、価値観が加わるために厳密な客観認識は、なかなか成立しない。例えば、フロイトやレヴィ＝ストロースのすぐれた業績に対してさえ、現代思想ではさまざまな批判がある。ところがソシュールが取り出した「ラング－パロール」「シニフィアン－シニフィエ」の考えは、むしろ時間がたつほど大きな合意として定着している。つまり、ソシュール言語学は、人間や社会の領域では厳密な客観認識は難しくても、普遍的な「構造」についての共通認識なら成立しうるということの、とてもよい見本なのだ。

もう一つ大事な点は、ソシュールが考察した「言語」という対象の性格だ。「言語」は、多くの人間の行為が気づかないうちに作り上げている人間社会に独自のシステム、つまり無意識的、集合的に形成された社会的システムである。だから、ソシュールの理論は、人間の文化や経済のシステムを考察する上でもきわめて重要な基礎をなす。この点からみても、ソシュール言語学の未来的な射程は、きわめて深く、広いのである。

◉哲学の問い……考えるヒント　おさらいすると、「ラング」は一般ルール、「パロール」はその具体的運用だった。例えば、いろんなゲームは、一般ルールとその運用で成り立っているといえる。ゲームのほかにもこれに当てはまるものはないだろうか。

●読書案内　『言葉とは何か』丸山圭三郎（ちくま学芸文庫）

現象学的観念論

認識の謎を解く

フッサール『イデーン』へのあとがき

主観と客観の一致はあるのか。これは近代哲学最大の難問とされる「認識の謎」の問いである。デカルト、ヒューム、カント、ヘーゲル、ニーチェといった哲学者たちが謎を解くべく努力を重ねたが、最後の挑戦者としてフッサールが示した驚くべき答えとは？

現象学的観念論は、実在的世界の（そしてまずもっては自然の）現実的存在などを、否定したりするものではない。あたかも現象学的観念論の説くところでは、実在的世界は一つの仮象であり、自然的思考や実証科学的思考は、たとえそれと気付かれずとも、この仮象に陥っているということにでもなるかのごとく、実在的世界の現実的存在を、否定したりするものではない。現象学的観念論の唯一の課題と作業は、この世界の意味を解明することにあり、正確に言えば、この世界が万人にとって現実的に存在するものとして妥当しかつ現実的な権利をもって妥当しているゆえんの、

◆解読

現象学の考え方は、この世界が現実に存在することを否定するものでは、まったくない。たしかに現象学では、現実世界、あるいは客観世界の存在を前提せず、それをいったん括弧に入れるという方法をとる。しかしそれは、現実世界は仮象の世界にすぎないとか、自然科学、実証科学は仮象にすぎないものを現実だと思いこんでいる、などと主張するためではない。

方法的に、つまり意図的に観念論の見方をとる現象学のねらいは、第一に、この世界の意味のありようを解明することにある。それをもっと詳しくいうとこうなる。論理的には、世界がたしかに現実存在していることを誰も証明できない。これは「認識の謎」という形で多くの哲学者を悩ませてきたし、いまも解けない難問になっている。そこで現象学は、現実世界が存在することを論理的に証明するという仕方ではなく、われわれの誰もこの世界が現実存在していることを妥当なものとして疑えないこと、そのことには動かしがたい理由と根拠があることを明らかにする、という仕方でこの謎を解明する

ほかならぬその意味を、解明することにあるのである。世界が存在するということ、世界が、絶えず全般的な合致へと合流してゆく連続的な経験において、存在する全体宇宙として与えられているということ、このことは、完全に疑いを容《い》れない。けれども、生と実証的学とを支えるこの不可疑性を理解し、その不可疑性の正当性の根拠を解明することは、これはこれでまた全く別種の事柄であろう。

　こうした観点からすれば、『イデーン』のテキストにおける論述に即して言うと、次の点が、一つの哲学的に基本的な論点を成すのである。すなわち、全般的な合致というこの形式における経験の連続的進行は、一つの単なる想定にすぎず、そうは言っても一つの正当な妥当性を具えた想定であるということ。したがって、世界は、これまでまた今も現実的に合致するものとして経験されるものであるにもかかわらず、その世界の非存在は、絶えず依然としてあくまで考えられうるものであるということ。これである。実在的世界および何らかの考えられうる実在的世界一般の存在様式の、現象学的な意味解明の成果によれば、ひとえに超越論的主観性のみが、絶対的存在という存在意味を持つのであり、ひとえ

のである。

　いうまでもないことだが、世界がたしかに実在していることは、どんな懐疑的な人間であれ、じつは決して疑ってはいない。しかしそのことと、この不可疑性（疑えなさ）の根拠を確認するという課題とは別のことであって、これは哲学的には決定的に重要な課題なのである。

　これをごく簡明にいえば次のようになる。世界が実在しているというわれわれの確信は、なぜ動かし難いものとしてあるのか。われわれの意識に、世界が、ある一定の条件において、整合的に、連続的な調和を保って現れ出ているかぎり、われわれは世界の実在を疑うことができない。そして世界がじっさいにそのような連続的調和を失う形でわれわれに現れるような場合は、（夢などを除いて）ほとんどない。だからわれわれは誰もこの世界の実在を疑わないのだ。しかし、かといってそのことは、世界が確実に実在することを証明するわけではない。あくまで、そこには、世界が実在するという確信＝想定が成立している、ということなのである。

　いま言ったことを、こう言いかえることもできる。世界が実在するというわれわれの確信は、

に超越論的主観性のみが「非相対的」であり（すなわち、ただ自分自身にのみ関係し・それとのみ相関的であり）、一方これに反して、実在的世界は、なるほど存在しはするが、しかし、超越論的主観性へと本質的に関係づけられた相対性を持つのであり、それというのもすなわち、実在的世界は、超越論的主観性の志向的意味形成体としてのみ、その存在するものとしてのおのれの意味を持ちうるからである。

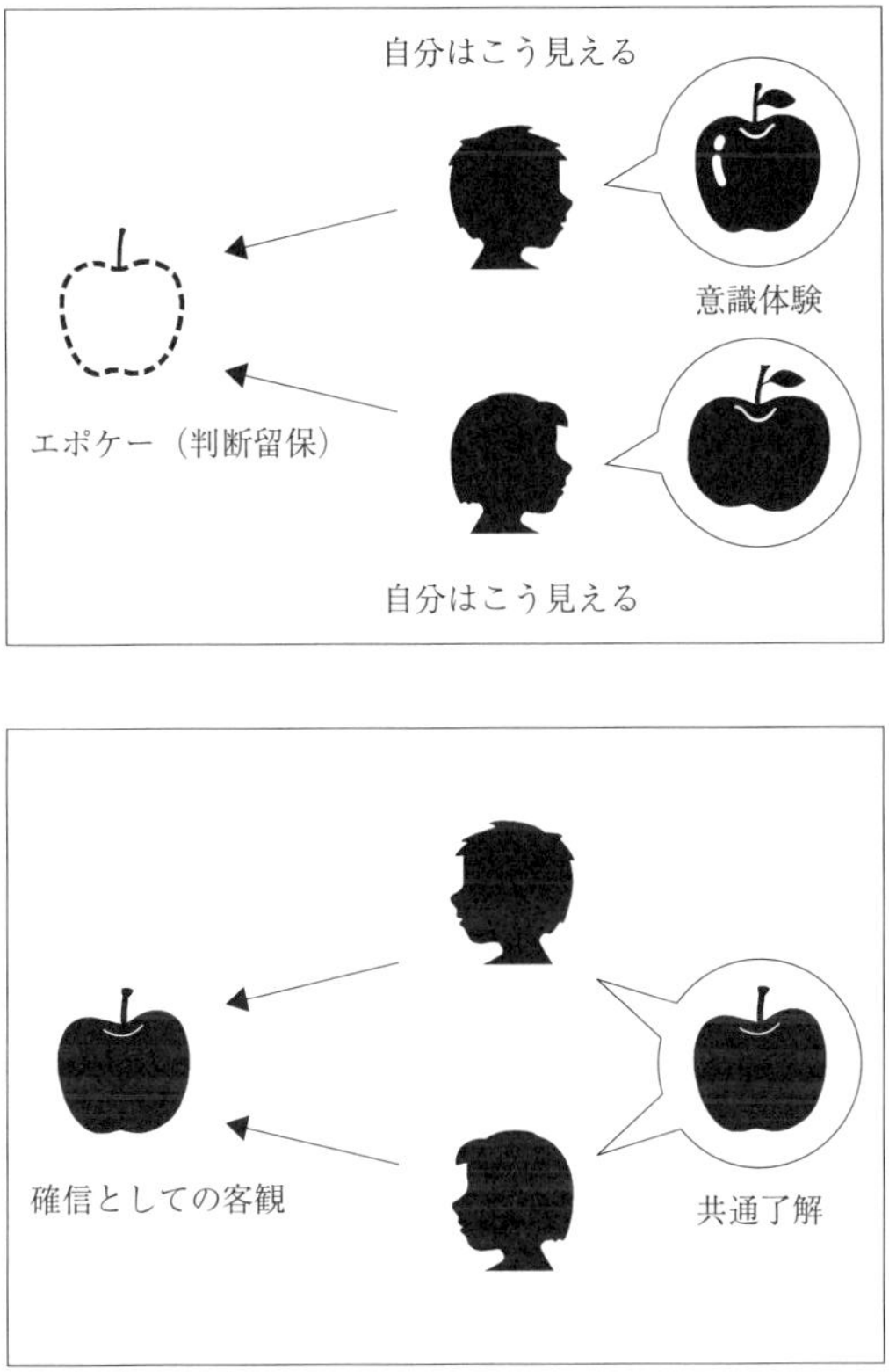

現象学の見方

世界がそのような連続的調和を保ってわれわれの経験の意識に現れているかぎりで、成立している。そのことはまた、この調和が破れることはないという絶対的な保証が存在するわけではないこと、つまり調和が破れる可能性を完全に排除することはできないということをも意味する。このこともまた誰もが理解できるはずだ。

現象学的観点からは、絶対に疑えないものとして存在するのは、ただ個々人の「意識体験」それ自体だけである。この体験から生まれてくる世界の存在の確信、あるいはさまざまな事物の存在の確信は、これまた原理的に、どこまでも相対的で、可疑性（疑わしさ）をもっている。つまり、世界や事物の存在確信は、「意識体験」からの意味の網の目として形成されたもの、と考えることができるのだ。

上述したこと全部からして結局、本書は、次のような人には、全く何らの参考にもなりえないであろう。すなわち、すでに自分の哲学や自分の哲学的方法について確信を持っている人。したがって、哲学に心を奪われ惚《ほ》れ込んでしまうという不幸に見舞われた者の絶望感を、一度たりとも味わったことのない人。そして、哲学を学び始めた頃すでにもろもろの哲学が乱立しているのを見て、そのどれを選んだらよいのかを考えさせられ、結局、そこでは選択などが本来そもそも問題にはなりえないのだということを、少しも感じたことのないような人。というのも、それらの乱立する諸哲学のどれもがみな、真正の無前提性のことなど気遣ったこともなく、だからそのどれもがみな、哲学の要求する、自律的自己責任の徹底主義から生じたものではなかったから、である。けれども、右のような点で、現在、多くの変化が生じたであろうか。否であり、旧態依然である。次のように信ずる人、すなわち、通常の意味での経験の豊かな底地や、或《ある》いは精密諸科学の「確固たる諸成果」や、或いは実験的もしくは生理学的心理学や、或いはどのようにであれともかく改良された論理学および数学等を、引き合いに出して、そこに哲学上の前提を見出《みいだ》せると思い込んでい

述べてきたことからして、結局のところ、本書は次のような人の役には立たないだろう。つまり、自分がすでにもっている哲学の方法を暗黙のうちに正しいものと強く信じているために、これを根本的に疑ってみようとする動機や理由をもたない人。つまり、どこまでも徹底してものごとの根拠を考える哲学というものにほんとうに惚《ほ》れ込み、そのため、そこにはまだ真に徹底的な根拠が存在していないことに気づいて深く絶望する、という経験をもたなかった人。また、哲学を学び始めて、すでにさまざまな学説が根拠をもたずに主張しあい対立しあっているのをみて、この信念の対立をどのように克服すべきかという問題に深くぶつかったことのない人。

この真の意味での哲学の基礎という問題は、現在にいたっても、少しでもその解明が進んでいるとはいえない。このため、自然科学をはじめとして生理学、心理学といった実証科学がここまで積み上げてきた厳密な成果によって、あるいは現代の論理学や数学の厳密さによって、この認識の可能性の問題はいずれ解けるはずだと思っている人には、この本のモチーフはうま

るような人、そのような人は、本書を迎え入れる受容力をあまり多く持ちえないであろう。とりわけ、そうした人が、おまけに現代の学問的懐疑主義に取り憑《つ》かれて、厳密学としての哲学という目標をおよそ一般に承認することをやめてしまっている場合には、とくにそうである。そうした人は、強靭《きょうじん》な関心を振るい起こすことはできず、だから、私がここで企てたようなこうした端緒・原理の道を跡づけて理解するのに必要な、大きな労苦と時間を、有意義な労苦・時間の使い方とは見なすことができないであろう。自ら哲学の端緒・原理を摑《つか》もうとして格闘する者のみが、この場合、別様の振る舞い方をするであろう。というのは、そうした者は自分にこう言いきかせざるをえないからである。すなわち、汝《なんじ》ノ事柄ガ問題ニナッテイル、と。

出典：一九三〇年発表。本文は『イデーンⅠ』みすず書房（渡辺二郎《わたなべじろう》訳）によった。なお、読みやすさを考えて、適宜改行を加えた。

◉哲学の問い…………　宗教の対立は長く続いてきたが、それがなかなか解決されない大きな理由は何だろうか。

く伝わらないにちがいない。さらにまた、現代流通している懐疑主義にはまりこんで、およそ厳密で普遍的な認識など存在しないと主張してすましている人々には、なおさらのことである。

　これらの人々は、自分がたまたま入り込んだ学説の正しさを疑う理由をはじめからもたないか、あるいはそもそも認識の普遍性といったことを真剣に考えてはいないのである。ここで私が提起しようとしている問題は、哲学の深い本質をつかもうとし、そのためにいかに〝端緒の問題〟が重要かを理解する人間にとってのみ、自分の問題として受け容れられるだろう。

フッサールについて 一八五九－一九三八

［人と時代］ **哲学の意味と方法を明らかにした哲学者**

エドムント・フッサールは、哲学の根本的な意味と方法を革新し、普遍的な本質学を構想する現象学の方法を創始した哲学者である。

フッサールは一八五九年にオーストリア帝国プロスニッツ（現在はチェコ領のプロスチョフ）のユダヤ人家庭で生まれ、第一次世界大戦における敗戦、その後のナチズムの台頭といったドイツの混乱の時代を生きた。彼は数学と論理学の基礎についての研究から学問を開始したが、人文科学の学説が一致を見出《みいだ》せず、むしろ大きな対立と混乱を呼んでいることから、やがて学問の基礎としての哲学の必要性を感じるようになる。人間についての広く、包括的な知の探究をめざして出発した近代の学問が、人々の生活から大きく離れたものとなり、また、その統一の道を見失っていることを、学問にとって重大な危機と考えたのである。こうして現象学を構想、『論理学研究』（一九〇〇－〇一年）をはじめ、現象学の方法を基礎づけた『イデーン』（『純粋現象学と現象学的哲学のための諸構想』）（一九一三年）や、『デカルト的省察』（一九三一年）などを発表する。

フッサールによれば、混乱の根本の原因は、近代の諸学問が自然科学の実証主義的方法を採り入れたために、人々が生活の中で感じている「意味」や「価値」に関わる問題、理論や学説の正しさを判断する「理性」の問題を排除してしまったことにある。実証主義的方法とは、客観的な「事実」を確かめ、証明しようとする方法であり、意味、価値、理性などの主観的な事象を考察する方法をもたないのだ。

こうした状況の中でフッサールは、人間が見出す意味や価値に関わる問題を考察することを可能とする学として、また、学説の対立を克服し、諸学問を統一しうる哲学的方法として、現象学の理論を打ち立てた。現象学の方法とは、人々が、それぞれの生においてつかむ意味や価値において、またそれぞれのもつ意見や信念の違いを超えて、他者と「理解しあう」ことを可能にする方法なのである。

晩年、ユダヤ人である彼はナチスに迫害されたが、亡命せずドイツに残り、学問の危機に警鐘を鳴らす『危機』書（『ヨーロッパ諸学の危機と超越論的現象学』）を執筆する。しかし未刊のまま、一九三八年、七九歳で死去。没後は草稿から『経験と判断』（一九三八年）が編集された。また遺稿の多くは、ナチス政権下のドイツでは保存さえ危ぶまれたため、弟子によってベルギーに移送され、後に『フッサール全集』（一九五〇年～現在刊行中）の基礎となった。

［思想］認識問題の謎

フッサールが創始した現象学の考えを分かりやすく解説するのは難しい。まず第一の柱は、近代哲学でずっと最大の難問だった「認識の謎」を解明したという点にあるが、この認識論という問題がなかなかやっかいだからだ。

近代哲学では、正しい認識とは、客観（＝対象そのもの）が主観（＝人間の認識）に正しく把握されること、という暗黙の理解があった。つまり、主観と客観が「一致」すれば、そこに真理、正しい認識が成立するわけだ。これは近代の自然科学の大前提でもあり、誰でも理解できる図式だといえる。

ところが、近代哲学のはじめに、デカルトが、この「主観と客観の一致」が論理的に成立しえないことを、ある仕方で〝証明〟してしまった。すると、認識の問題は奇妙な「謎」となる。第一に、デカルトの証明が正しいなら、どんな正しい認識もありえないことになる。第二に、しかし自然科学では、誰もが客観的な認識とみなす大きな成果が進んでいるが、これも説明がつかない。

こうして、「認識の謎」は、近代哲学においてどの哲学者も解明しようと努力した第一のテーマとなった。しかし、この「認識の謎」は十分に解明されたとはいいがたかった。

さて、フッサールは、現象学がこの問題を解明すると主張した。しかし彼の叙述はあまりに難解で、たしかにこの難問が解明されたのかどうか、さまざまな批判も含めて諸説あり、その評価はこれからという面がある。ただ、フッサールがどのような発想でこの「認識問題」を解こうとしたかは明らかなので、まずそれを解説してみよう。

すでに、カントがこの認識問題に正面から取り組んで、大きな成果を示した。その発想はこうである。自然科学は自然世界をきわめて正しく認識しているようにみえる。しかし、神は存在するのか、人間は死んだらどうなるのかなどの「形而上学的問題」については、さまざまな説が乱立して決して客観認識が成立しない。なぜだろうか。そもそもこれが哲学では大きな難問だった。

それまで、この認識問題に対する大きな答えは二つあった。一つは独断論で、世界がどうなっているかは理性の推論によって必ず認識できるという考え（スピノザなど）。もう一つは、認識はすべて相対的でどんな確実な認識も存在しえない、という相対主義の考え（ヒュームなど）だ。

さて、カントはこのやっかいな難問に独創的な仕方で答えた。彼は、この問題を解くには、なによりまず、人間の「認識の構造」を正しく捉えることが必要だと考えた。このことによって、人間の認識に「原理的な限界」があることが分かる。そして、その限界内では客観認識は成立するが、それを超えた領域では成立しないことがはっきりする。このカントの発想は画期的なものだった。しかし、まだ大きな弱点も残された。カントの理論では、そもそも彼が示した人間の「認識の構造」がどれほど正しいかが、うまく確証できないのだ。そしてフッサールは、現象学を、カントのこの弱点を超える方法として構想したのである。

［本文解説］「確信の根拠」の学としての現象学

すでに見たように、現象学は、人間の「認識の構造」を本質的な仕方で解明する、という大きな課題を目標とした。そして現象学の独自の方法によって、「認識の謎」ははじめて解明される、とフッサールは考えた。彼は、新しい「認識構造」の理論をカントの弱点を超えるような仕方で構想したが、その大きなポイントは二つある。

カントは、認識の構造をまず感性・悟性・理性に分割し、さらにそれを細かく区分した。だが、フッサールによると、このカントの説明は彼独自のもので、誰にも確証できるものになっていない。むしろ意識の領域を直接に観察して記述すれば、誰もが確認できる形でその構造をとりだすことができる。このことがまず第一点。

第二点は、すべての認識を、主観（＝意識）の中で作り上げられた「確信」と見なす、という考え方である。現象学は、方法的に（つまりわざと）客観世界が存在することを否定する。すべてを、主観の中でそういう「確信」が一定の条件で成立するだけと考える。この方法をどこまでも徹底することで、あの「主客の一致」という謎は解ける。この考えがまさしく一八〇度の発想の転換だった。

ここで示した文章でフッサールが強調しているのは次のことだ。客観世界の存在をいったん前提から外すといっても、現象学は、客観世界など存在しないと主張しているわけではない。論理的には、「主客の一致」は確証できない。すると客観などどこにもない、と考えたがる人々もいる。しかしそれは早計だ。なるほど客観の存在（＝現実世界）は論理的には確証できない。そこで現象学は、しかしなぜ誰もが、現実世界の存在について疑いがたい「確信」（妥当）をもっているのか、と問う。それが彼のいう「不可疑性の根拠」を問う、ということだ。その理由を本質的な仕方で解明できれば、この問題はすべて解ける。そうフッサールはいうのである。

上のように考えてくると、掲載した本文の後半の部分の強調点もよく理解できるはずだ。現象学は、「確信」の構造と根拠についてとことん考える方法である。だから、自分がたまたま入った学問の学説をはじめから疑わない人々、あるいは、そもそもなぜ人文科学の領域で諸説が分かれて対立しているのかについて、その根拠を深く考えようとしたことのない人には、現象学の方法とモチーフはピンとこないに違いない。そうフッサールは言っている。

現象学があらゆる「確信」一般の根拠の学であること、そのことは、それがまた、さまざまな『信念対立』を克服するための本質的な方法であることを意味しているのだ。

［未来への架け橋］信念の対立を克服できるか

フッサールの功績をひとことでいえば、哲学の最大の謎の一つ、「認識問題の謎」を解明したことだ。先に、カントの最も重要な仕事が、古い「形而上学」の問いの不可能性を証明して、人が答えられる問いと答えられない問いがあることを明らかにした点にあると述べたが、フッサールはこれを、もっと本質的な仕方で哲学の原理として示したといえる。

では、フッサールによるこの解明の果実は何だろうか？ 宗教対立、政治的な考えの対立、学説の対立など、現代社会でも、さまざまな形で信念の対立がある。こういう場合、ふつうはどちらも、自分の信念をさらに補強して相手の優位に立とうとする。しかし現象学は、互いの信念（確信）の根拠を内的に検証することで、対立の本質的な原因を捉えようとする。前者は信念補強的な思考だが、後者は、信念検証的な思考なのだ。

実証主義の方法は近代科学の一つの優れた成果だった。ところが実証主義の方法は信念補強の方法としてはよく働くが、その対立の理由を深く捉えるための考え方はもっていない。現象学の信念検証的思考は、近代の理性が生んだもう一つの大きな成果だといえる。フッサールの仕事は難解すぎて、まだ十分に理解されていないところがあるが、哲学の新しい可能性につながっている。

◉哲学の問い……考えるヒント 例えば、自然科学の学説では、はじめ対立があっても克服されることがある。宗教はそれが難しい。宗教の教義と自然科学の学説の大きな違いは何だろうか。つまり、考え方の対立が克服されてゆくような場合と、解けない対立との本質的な違いをうまく考えられるだろうか。

●読書案内 『はじめての現象学』竹田青嗣（海鳥社）

用具性

事物とは道具である

私たちが日常的に出会う事物は、科学が対象とするような「重さや諸性質を備えた物体」なのだろうか？　そうではなく、「道具」つまり「生活に役立つもの」というあり方をしているのではないか。私たちがふだん物と関わる様子を、あらためて意識してみよう。

ハイデガー［存在と時間］

ギリシア人たちは、いわゆる「事物」を表すのに適切な言葉をもっていた。それはすなわち、πράγματα《プラグマータ》――人々が配慮的交渉（πρᾶξις《プラクシス》）においてたずさわっているもの――である。ところが存在論的には、まさにこれらの πράγματα《プラグマータ》 に特有の「実用的」性格をギリシア人たちは明らかにせず、これらを「さしあたり」、「たんなる事物」として規定したのである。

われわれは、配慮において出会う存在者を、道具（das Zeug《ダスツォイク》）となづける。交渉のなかで見あたるものは、書く道具、縫う道具、工作する道具、乗っていく道具、測定する道具などである。これ

◆解読

ギリシャ人たちは、私たちが日常で出会う事物のことを「プラグマータ」と表現していたが、これは適切な言葉であった。なぜなら、プラグマータとは、日常的な実践を意味するプラクシスという言葉に由来するからである。しかしギリシャ人は、事物のもつこの〝実用的な〟性格を哲学的に解明することはなかった。

われわれは（実践的に物事に関わろうとする態度である）「配慮」において出会う存在者を、「道具」と名づける。書く道具、縫う道具、工作する道具などは、どのような存在様相（あり方）をしているのか、ということを、（理論的な観察する態度に対して現れる物体のあり方とは異なったものとして）取り出すことが、ここでの課題である。そのためにはまず、道具を道具たらしめているところのもの、すなわち「道具性」について、スケッチしてみる必要がある。

厳密に考えてみれば、道具は一つだけ孤立してあるのではない。何かの道具があるとすれば、その際には、いつもすでに、ひとまとまりの「道具立て全体」がその前提としてある（この

らの道具の存在様相を取りだすことが課題である。それには、まず、およそ道具を道具としてあらしめるもの、すなわち道具性を輪郭づけて、これを手びきとしなくてはならない。

　厳密な意味では、ひとつだけの道具は決して「存在」しない。道具が存在するには、いつもすでに、ひとまとまりの道具立て全体がなければならない。この道具がまさにこの道具であるのは、このような道具立て全体においてなのである。道具というものは、本質上、《……するためにあるもの》（《etwas《エトヴァス》, um zu《ウムツー》...》）である。この《……するためにある》ということには、有用性、有効性、使用可能性、便利性というようなさまざまな様態があるが、これらがひとまとまりの道具立て全体の全体性を構成している。《……するためにある》という構造のなかには、「なにかをあることへ向けて指示する」ということが含まれている。この指示（Verweisung《フェアヴァイズング》）という名称で予告した現象は、以下で分析を重ねてはじめてその存在論的成立においてみとどけられるようになる。ここでとりあえずたいせつなことは、多様な指示関係を現象的に眼に入れておくことである。

　道具というものは――その道具性に応じて――いつもほかの道具との相属性にもとづいて存在している。インク・スタンド、ペ

ような事態をまず、明らかにしよう）。

　個々の道具は本質的に《……するためにあるもの》である。この《するために》ということには、有用性（＝～のために役立つ）、有効性（＝～のために効果がある）、使用可能性（＝～のために使える）、便利性（＝～するために便利である）などさまざまな種類がある。そして、このような《～するため》によって、諸道具は（バラバラでない）ひとまとまりの「道具全体」となっているのである。だから、この《～するためにある》という構造のなかには、他の道具への「指示」が含まれている（例えば「金槌《かなづち》」は「釘」や「板」を指示している）。この「指示」という現象は分析を重ねることによってはじめて深く理解できるものだが、いまはとりあえず、具体的な多様な指示の関係を眼に入れておくことにしよう。

　その指示関係を、同じ場所に所属し関係しあっているという意味で「相属性」と呼ぶこともできる。例えば、インク・スタンド、ペン、インク、紙、下敷き、机、ランプ、家具、窓、ドア、部屋は相属しているのである。その際、まず個別のものが現れてきて、それが全体として

ン、インク、紙、下敷き、机、ランプ、家具、窓、ドア、部屋は相属している。これらの「事物」がまず個別に現れてきて、それらがやがて実在的なものの総和としてひとつの部屋をみたす、というわけでは決してない。一番さきに出会うものは、主題的に把握されはしないが、部屋である。そしてそれも、幾何学的空間の意味で「四つの壁の間」としてではなく——住む道具としてである。この部屋のなかから、備えつけられた「調度」が現れてきて、そしてこの備えつけのなかで、それぞれの「個別的」な道具が現れてくるのである。個別的な道具に気づく以前に、いつもすでに道具立ての全体性が発見されている。

　道具がその存在においてありのままに現れてくるのは、たとえば槌《つち》を揮《ふる》って槌打つように、それぞれの道具に呼吸を合わせた交渉においてのみであるが、そのような交渉は、その存在者を出現する事物として主題的に把握するのではなく、ましてそのような使用が、道具そのものの構造をそれとして知っているわけではない。槌を揮うことは、槌にそなわる道具的性格についてのたんなる知識しかもたないだけではなく、それ以上適切にはできないほどこの道具をすっかり自分のものにしている。このような交渉において道具を使用しながら、配慮は、それぞれの道具を構成して

一つの部屋を満たすのではなく、まず最初に出会うものは部屋である。もっとも、この部屋も幾何学的空間の意味での「四つの壁の間」ではなく、「住むための道具」なのである。この部屋のなかから備え付けられた調度が現れてきて、そこにそれぞれの個別的な道具が現れてくる。このように、個別的な道具に気づく以前に、いつもすでに（例えば「書斎」のような）道具立ての全体が発見されている。

　さて、道具がその特有なあり方のままに現れてくるのは、観察的態度に対してではなく、槌をふるって打つときのような「それぞれの道具に呼吸をあわせた交渉」においてである。この交渉とそこに現れてくる道具のあり方に注目してみよう。

　まず、この交渉においては、道具（槌）は「主題」として理論的に把握されてはいないし、その構造が詳細に知られているわけでもない。しかしそれでいて、槌をふるうときには、この道具は（身体の一部になったように）すっかり「自分のもの」となっている。そしてこれは、《……するために》という指示におのずと従っているということでもある。槌がたんなる事物

いる《……するためにある》という指示に服している。槌がたんなる事物として眺められるのではなく、それが手っ取りばやく使用されればされるほど、槌に対する関わり合いはそれだけ根源的になり、槌はそれだけ赤裸々にありのままの姿で、すなわち道具として出会ってくる。槌を揮うことが、みずから槌に特有の便利さ（「手ごろさ」）を発見するのである。

　道具がこのようにそれ自身の側から現われてくるような道具の存在様相を、われわれは用具性（Zuhandenheit《ツーハンデンハイト》）となづける。道具にはこのような「自体＝存在」がそなわっているのであって、道具はだしぬけに出現するものではない。それがもっとも広い意味で手もとに具わってわれわれに用いられるのは、そのためなのである。しかじかのありさまをした事物の「形相」をどれほど熟視しても、それがただ眺めやるだけのことならば、用具的存在者を発見することはできない。事物をたんに「理論的に」眺めやるだけの眼には、用具性の了解が欠けているからである。

　一方、道具を使用し操作する交渉は盲目ではなく、それには固有の見方がそなわっていて、これが操作をみちびき、それに特有の即物性を与えている。道具との交渉は、《……するためにある》という多様な指示関係に服している。このように即応していくこ

として眺められるのではなく、それがごく自然に使用されるときにこそ、槌に対する関わり合いはそれだけ根源的なものとなる。だから、槌をふるうことによってはじめて、槌に特有の「便利さ」や「手ごろさ」ということも発見されるのである。

　このような道具の存在様相（あり方）を、われわれは「用具性」（英語ではreadiness to hand、手もとにあって用いられるあり方、の意）と名づける。この用具性は、事物の「形相」（すがた・かたち）をいくら熟視しても発見することはできない。事物をたんに「理論的に」眺めやるだけの眼には、（身体で使い方が分かっている、という種類の分かりかたである）用具性の了解が欠けているからである。

　他方、道具を使用する交渉は盲目ではなく、特有の「見方」をもっているが、それは《……するためにある》という指示関係に従って動く。その特有の見方を「配視」（＝道具の指示関係を、達成すべき目的のほうから配慮しつつみてとる見方）と呼ぶことにする。

　もし「無理論的」という言葉が、そもそも見ることを欠いているという意味だとするなら、

とにそなわる見方は、配視（Umsicht《ウムジヒト》）である。もしも「無理論的」ということが視見のないことを意味するとすれば、「実践的」態度は「無理論的」ではない。そして理論的態度と「実践的」態度との差別は、一方が考察し他方が行動し、そして行動は盲目にとどまらないために理論的認識を応用する、という点にあるのではない。そうではなくて、考察も根源的に配慮であり、同様に、行動にも固有の視見がそなわっているのである。理論的態度は、配視をもたずにただ眺めやることである。このように眺めやることは、配視をもたないからといって無規則なものではなく、その規準を方法という形で形成するのである。

　用具的存在者は、そもそも理論的に把握されていないだけでなく、さしあたっては配視にとってさえ配視的に主題化されていない。むしろ、身近な用具的存在者の特色は、その用具性のなかでいわば控え目にしていて、かえって本当に用具的に存在できるという点にある。その上、日常的交渉がさしあたり滞在しているところも、たとえば工作道具そのものではなくて、むしろ作品、すなわちそのつど製作さるべきものこそ、主として配慮されているもの、したがってまた第一義的に用具的に存在しているものなのである。道具がその内部で出会う指示関係の全体性を支えている

実践的態度はじつは決して無理論的ではない。そして、理論的態度と実践的態度の違いは、前者が考察し他方が行動する、ということではない。そうではなくて、理論的態度である「考察」にも、じつは根源的には（単に眺める働きではなく、なんらかの目的のためにそれにふさわしい精度でもって考察しようとする働きなのであって、その意味では、達成すべき目的に対する）「配慮」といえる面がある（＝一種の実践性を含んでいる）。他方の実践的な態度である「行動」もまた、それに固有な見方（という一種の理論性）をもっているのである。理論的な態度は、《〜するために》の連関に従う実践的な配視はもたないので、その点では「ただ眺めやること」である。しかし眺めやることもまた、まったく無規則に行われるのではなくて、そこには（目的から導かれる）一定の基準があり、その基準は具体的には「方法」（＝実験のさいの厳密な手続きなど）として形づくられてくる。

　さて、道具、すなわち「用具的存在者」は、理論的に把握されていないだけではなく、交渉のときに働く配視にとってさえ主題化されていない。むしろ、用具的存在者の特色は、控えめ

のは、作品である。

槌やかんなや針などがそこへ向けて使われるところは、製作すべき作品であるが、この作品もまた、それなりに道具という存在様式をそなえている。製作される靴は、はくためにあるもの（履物）であり、製造された時計は、時を知るためにある。配慮的交渉において主として出会っている作品――すなわち製造中のもの――は、それに本質的にそなわっている使用可能性において、それの使用可能性が向けられているところ（用途）を、いつもすでに含み出会わせている。注文された品も、やはり、それの使用とこの使用において発見されるさまざまな存在者の指示連関とにもとづいてのみ存在するのである。

出典：一九二七年公刊。本文は『存在と時間　上』ちくま学芸文庫（細谷《ほそや》貞雄《さだお》訳）によった。なお、読みやすさを考えて、適宜改行を加えた。

◉哲学の問い…………　身の回りの事物が用具性という意味をもつならば、では、「他者」はどのような意味をもっているだろうか。他者を何種類かに分けながら、それぞれの意味を考えてみよう。

にしていることによって、かえって本当に用具的に存在できるという点にある。交渉が配慮しているのは、むしろ「作品」つまり「そのつど製作されるべきもの」のほうである（配視は作ろうとしている靴のことに集中しており、道具である槌や釘は目立たずに使われている）。そして、道具の全体性を支えているのは、「作品」なのである。例えば、槌やかんなや針などは「靴」という作品を作るために使われるのであり、その目的のためにもろもろの道具は連関し指示しあっているのである。

この「作品」もまた、それはそれで、道具という存在様式をそなえている。製作される靴は、はくためにあるもの（履物）であり、製造された時計は時を知るためにあるように。配慮的な交渉において出会っている製造中の作品も、それの使用可能性が向けられているところ（用途）を、いつもすでに含んでいる。つまり、この作品もまた、それを使用する際にともに発見される、さまざまな存在者どうしの指示連関（＝履物は靴下やズボン、また道路などと指示しあっている）のなかでのみ、存在しているのである。

ハイデガーについて　一八八九－一九七六

［人と時代］ 現象学から人間的意味や価値の問題へ

マルティン・ハイデガーは、一八八九年西南ドイツの寒村メスキルヒでカトリック教徒の両親のもとに生まれた。一九〇九年神学を学ぶべくフライブルグ大学に入学するが、やがて哲学へと転向。フッサールの現象学に、生涯の哲学的テーマとなる「存在」問題を究明する手がかりを見出《みいだ》して師事する。フッサールもハイデガーの才能を高く評価し、自らの現象学の継承者としてその将来を嘱望する。

ハイデガーの「存在」問題とは、簡単に言うと「（世界やものごとが）そもそも『ある』とはどういうことか」というものである。その探究の途上、一九二七年に刊行した『存在と時間』では、現象学の方法を駆使して「死」「良心」などの「本質」を鮮烈に描き出した。ここに展開された思想は、第一次世界大戦後の社会不安の中、生きることの意味を見定められず苦しむ人々に、「ほんとうによく生きる」ことへの手がかりを見出すメッセージとして響き、絶大な支持を受けた。

だが、フッサールとハイデガーは、師弟関係にありながらそもそもいろんなところで食い違う二人だった。例えば、フッサールの講義はよく言えば生真面目、悪く言えば執拗《しつよう》で面白みのないものだったのに対して、ハイデガーは雄弁な語り口で学生を魅了したという。またユダヤ人フッサールがナチス政権下で迫害を受けたのに対し、ハイデガーは逆にフライブルグ大学総長という要職についたりもした（一年足らずで辞職はしたものの、戦後はナチに加担したこの事実を追及されることになる）。

そもそも、ハイデガーの「存在」問題自体、「あらかじめのほんとう（客観・真理）」を禁じ手にして「誰もが共有できる（ものごとの）確かめの仕組み」を導き出そうとするフッサール現象学とは異質なものだった。ハイデガーは、『存在と時間』刊行後程なく問題追求の方向を転じて、「根源としての存在」への感触を、よく言えば詩的で深遠な、悪く言えば（なんとでもいえるよね……という感じの）「検証不可能」な言葉で語るようになる。その思想内容も反ヨーロッパ近代、反人間中心主義といった色合いが濃くなり、現象学とはほど遠いものになってしまう。

しかしフッサールが「事物知覚」を中心に現象学の発想の基本を解き明かす作業にほぼ終始したのに対して、『存在と時間』で、現象学の方法で意味や価値の問題の「本質」を捉える好例を示したその功績は大きい。一九七六年、「存在」問題を問い続けた八七年の生涯の幕を閉じた。

［思想］**人は可能性をめがけて生きる**

ハイデガーはその主著『存在と時間』において、人間の〈存在〉（つまり、人間の生）を、師のフッサールから受けついだ現象学の方法（何かの仮説を立てるのではなく、自分の意識体験を反省し、そこから、どんな人の生にも共通する基本構造を見て取ろうとする方法）を駆使することで、深く省察した。その人間論は、精神医学や看護学にも大きな影響を与えている。その骨子を以下、四点に絞って捉えていこう。

①人は自分の〈存在可能性〉をめがけて生きる

人は、自分が「どうありたいか・実際にどうありうるか」をいつもどこか気にしながら生きている。部活のことを「このところ部員の雰囲気が悪いなあ。このままでは勝てない。もっと腹を割って話し合わなければ」と思うときにも、自分の「ありたい」（欲望）を実現するために、「ありうる」（欲望実現のための条件）を押し広げようとしているのである。

ハイデガーは、「ありたい・ありうる」のことを存在可能性と呼ぶ。つまり「人は、自分の存在可能性をいつも配慮し、それをめがけて生きている」のである（これは、キルケゴールの人間観に大きな影響を受けている）。

②各人の固有な存在可能性は、一般的な物事の理解に支えられている

人はそれぞれ、自分独自の存在可能性（コックさんになりたい・教師になりたい、など）をもち、それによって物事に向ける関心の方向も異なる。しかし、それぞれの人の世界がまったく別物であるかというと、そうではない。

コップは「水を飲むための」もの。チョークや黒板は「文章を書いて人に見せるための」もの。公園は「一服してよい」場所。そのように、それでもって「何ができるか」（いかにありうるか）という観点から、私たちは物事や場所を理解している。この理解はきわめて一般的で誰にでも共通するものであり、それが各自の独自な存在可能性の土台となっているのである。

③人は、自分の存在可能性を、時間の脈絡のなかで理解している

人は「いまここ」だけを考えて生きているのではない。「これまで〜してきた私は、これから……であろうとして（＝存在可能性）、いま――している」というように、時間の流れのなかで、人は自分を方向づけている（動物は基本的に「いまここ」を生きていて、過去や未来をもたない）。このような、時間の脈絡のなかで生きる、という人間特有なあり方を、ハイデガーは〈時間性〉と呼ぶ。

④人は自らの死を隠蔽し、共同的な価値観へと頽落《たいらく》している

どんな人も「あらゆる存在可能性が無になってしまうこと」としての死、というものを恐れている。しかしそのことをなるべく見ないようにして、世間の人々がよしとするもの（世間での成功など）にのみ眼を向けようとしている、とハイデガーはいう。そして、一般的な世間的な物事の理解と価値観に従って生きることを〈頽落〉と呼ぶ。

それに対して、いつ死がやってくるかもしれないことをハッキリと見据えたとき、人は「どうすることが私にとってよいか」（自分の存在可能性）を本当の意味で問い、かつ選択することができるという。自分の死を先取りし（死への先駆）、自分としての選択を行うあり方は、〈先駆的決意性〉と呼ばれる。

しかしこの四点めについては、私（西）には異論がある。「人は自分の死を隠蔽して頽落している、死を覚悟して生きよ」というのは独断的な意見にすぎないと思うのだ。大切なことは、どう生きるのがよいのか、について、語り合い確かめ合うこと（対話）であろう。

【本文解説】日常的な事物は〈用具性〉というあり方をしている

採録した本文は、身の回りの事物の〈存在〉（あり方）について考察した箇所である。この物はどのように「ある」か？ と問われれば、ふつうは「形・色・重さ」から始まってその他のさまざまな諸性質を答えるだろう。しかしそれは、理論的な観察するまなざしに対して現れてくるあり方であって、私たちが日常的に接している物のあり方ではない。

私たちが日常的に実践的に物事に関わっている態度（〈配慮〉と呼ばれる）においては、物は「諸性質を伴った物」ではなく、ハンマーやコップのような「道具」としてある。この道具の〈存在〉は、「〜のために用いられる」というあり方であるから、これをハイデガーは〈用具性〉と呼ぶ（これに対して、理論的なまなざしに対して現れてくる事物のあり方は〈客体性〉と呼ばれる）。

さらにハイデガーは、道具が単独では存在しないことを指摘する。本文では、インク・スタンド、ペン、インク、紙、机、部屋などが、書斎としての〈道具全体性〉をなしていることが指摘されているが、『存在と時間』の他の箇所（一八節）では次のような例が挙げられている。――ハンマーは「釘を打つため」にあり、釘を打つのは「固定するため」、固定するのは「暴風雨に対する備えのため」、暴風雨に対する備えは「人間が宿泊するという存在可能性」を最終目的としている、と。

つまり、個々の道具の「～ために」は連関しあって、〈道具連関〉ないし〈道具全体性〉をなしており、それらは最終的には、人間のなんらかの存在可能性のためにある、という構図になる。こうして、日常的な事物の存在(用具性)は、人間の存在(存在可能性)へとつながり、そこでその意味を得ている、ということがハッキリと分かる。

さらにハイデガーは、道具を使っているときには道具は目立たず、注意はむしろ「作品」のほうに向いている、と指摘している。料理を作るとき、包丁に慣れれば慣れるほど、それは身体の一部のようになって目立たなくなること を思い出してみよう。

このような分析を通じてハイデガーが示そうとしているのは、世界とそこでの物事は私たちの存在可能性(ありうる・ありたい)と関連づけられながら把握されている、ということだ。そしてここには、いわゆる理論的認識も、世界と物事を忠実に写し取ることではなく——それは不可能であろう——やはり人々のなんらかの存在可能性(ありうる・ありたい)のためになされている、ということも示唆されている。これは、客観世界を忠実に写し取ることが真なる認識である、という従来の認識論に対する根本的な異論となっている。

[未来への架け橋] 存在可能性を点検しつつ生きる

ハイデガーの人間論は、人が生きるうえでの大きなヒントを提供している。例えば何かの病気になると、このように「ありたい」のにそう「あれない」ということが起こる(ピアノを弾きたいのに指が動かない、など)。それは苦しいことだが、そのときには、いまの「ありうる」の条件のもとで、「かくありたい」を見つけていくことが必要になる。自らの存在可能性を点検しながら生きる仕方を、ハイデガーから私たちは読み取ることができる。

◉哲学への問い……考えるヒント 店員さんのように「役割」としてのあり方がある。これは用具性と近い。しかし友人や家族は「かけがえのない」存在である。自分を受け入れてくれるし、また自分も相手を受け入れている、特別な人たちである。では部活の仲間はどうだろうか。「親密さ」だけでは言いつくせないだろう。——このようにして考え進めてみよう。

●読書案内 『ハイデガー入門』竹田青嗣(講談社選書メチエ)

言語ゲーム

私たちはつねにゲームをしている

ウィトゲンシュタイン［哲学探究］

「語は物を名ざす。語の意味とはそれが名ざす対象である」という考え方がある。しかし語は単に何かを名ざすだけのものなのだろうか。私たちが語を口に出して言うとき、語でもって相手に働きかけようとしているのではないか。

一　アウグスティヌス『告白』第一巻、第八章。「かれら（年長者たち）があるものの名を呼び、その音声とともに体をそのもののほうへ動かしたとき、わたくしは、かれらがそのものを示そうとするときには、そのものがかれらの発する音声によって呼ばれるのだということを見てとり、そして理解いたしました。（中略）」

これらの言葉のうちには、人間の言語の本性に関する特定の映像が与えられているように思える。すなわち、言語に含まれている一語一語が対象を名ざしている――文章はそのような名ざしの結合である――というのである。――こうした言語像のうちに、

◆解読

一　アウグスティヌス『告白』の第一巻第八章にはこう書かれている。「年長者たちがあるものの名を呼び、その音声とともに体をそのもののほうに動かしたとき、わたくしは、彼らがそのものを示そうとするときには、それを音声によって呼ぶのだ、ということを理解しました」。

このアウグスティヌスの言い方のなかには、人間の言語の本性についての特定の見方が現れている。それはすなわち、〈言語に含まれる語の一つひとつがそれぞれの対象を名ざしている。文章とは名ざしをするいくつかの語を結合したものである〉というものである。こうした言語の見方のうちには、〈どんな語も一つの意味をもつ、そして語の意味とは、語の指示する対象である〉という考えの根源がある（この考えが根本的に誤っていることを、これから示していく）。

二　意味というものは、哲学上の概念だが、これは、言語のはたらきについての、ある原始的な（誤った）観念のうちに住んでいる。しかし

われわれは、どの語も一つの意味をもつ、という考えの根源を見る。この意味は語に結びつけられている。それは、語が指示する対象なのである。（中略）

二　意味という、かの哲学的な概念は、言語の働きかたに関する一つの原初的な観念のうちに安住している。しかし、それはわれわれの言語よりももっと原初的な言語の観念だとも言えるのである。

　アウグスティヌスが与えているような記述のあてはまる、一つの言語を考えてみよう。その言語は、建築家Aとその助手Bとの間の意思疎通に役立つのでなくてはならない。Aは石材によって建築を行う。石材には台石、柱石、石板、梁石《りょうせき》がある。BはAに石材を渡さねばならないが、その順番はAがそれらを必要とする順番である。この目的のために、二人は「台石」「柱石」「石板」「梁石」という語から成る一つの言語を使用する。Aはこれらの語を叫ぶ。――Bは、それらの叫びに応じて、もっていくよう教えられたとおりの石材を、もっていく。――これを完全で原初的な言語と考えよ。（中略）

（いきなりこの観念を否定するかわりに）この（語の意味とは対象であるという）観念は、われわれの言語よりももっと原始的な単純な言語から生まれてきたものだ、と想定してみることにしよう。

　つまり、アウグスティヌスの記述が当てはまるような、原始的な言語を想定してみる。その言語は、建築家Aとその助手Bの意思疎通に役立つものである、とする。Aは、台石、柱石、石板、梁石《りょうせき》という四つの石材を組み合わせて建築を行う。二人が用いる語は「台石」「柱石」「石板」「梁石」という四つだけであり、彼らの言語はこれだけから成っている。そしてAがその語の一つを叫ぶと、Bは教えられた通りの石をもっていく。――これを、まったく原始的な言語と考えてみることにする。

五　アウグスティヌスの例を考察してみると、「語の意味」（語にはそれぞれに意味があり対象を名ざしている）というきわめて一般的に信じられている観念が、「言語のはたらき」をどれほど煙で包み込んでそれを見えなくさせているか、ということを人は予感するだろう。もしわれわ

五　第一節の例を考察してみると、ひとは、おそらく、語の意味という一般的な概念が、どれほど言語のはたらきを煙霧で包みこみ、明瞭にものごとを見ることを不可能にするか、を予感するであろう。——もしわれわれが言語という現象を、原初的なその適用法にそくして研究し、その適用例において語の目的とはたらきを明瞭に見渡すことができるのであれば、そうした煙霧は霧散する。（中略）

六　われわれは、第二節で述べた言語がAとBの全言語であり、したがって、一民族の全言語であると想像することができよう。子供たちは、そのような活動を行ない、その際そのような語を用い、そのようにして他人の言葉に反応するよう、教育される。
　訓練ということの一つの重要部分は、教える者が諸対象を指さして、子供の注意をそれらのものへ向け、それとともに何か語を発すること、たとえば「石板」という語を、そのような形をしたものを提示する際に発音することから成り立つであろう。（中略）このような語の直示的教示は、語とものとの間に一つの連想的結

れが、言語という現象を、原始的なその使用法に即して研究し、その使用例において語の目的とはたらきとを明瞭に見渡すことができれば、そのような煙は霧散するだろう。

六　われわれは、第二節で述べた言語がAとBの「全」言語であり、さらに、一民族の言語であると想像することができる。すると、子どもたちは「語を叫ぶと石を渡す」という活動を行い、そのように語を用い、そのように他人の言葉に反応するように教育される、ということになるだろう。
　その際の訓練の一つの重要部分は、教える者が諸対象を指さして子どもの注意をそれらに向け、それとともに例えば「石板」という語を発音する、ということになるだろう。この訓練を、（じかに対象をさしながらそれの呼び方を教えるという意味で）「直示的教示」と呼ぶとすれば、さしあたってこの直示的教示は、語と物の間に一つの連想的な結びつきを作りだそうとするもの、といえる。

　しかしこの直示的教示は、さまざまな「はたらき」をすることができるのである。ひとがま

びつきをつくり出す、と言うことができる。しかし、このことはどういうことなのだろうか。それはいろいろなことでありうる。しかし、ひとがおそらくまず第一に考えるのは、子供が語を聞くと、ものの映像がその子の心に浮かび上がってくる、ということではなかろうか。だが、そうしたことがいま起こっているとして、――そのことが語の目的なのだろうか。――しかり、そのことが目的になっている場合もありうる。――わたくしはそのような語(音列)の用例を思い描くことができる(語を発音するということは、いわば表象を蔵したピアノの鍵盤を叩くようなものなのだから)。ところが、第二節で述べた言語の場合には、表象を喚《よ》びおこすことが語の目的なのではない。(中略)

しかしながら、たとえ直示的教示が表象を喚びおこすのだとしても、――わたくしは、それが語の理解をもたらす、と言うべきなのだろうか。「石板！」という叫びに応じてしかじかのふるまいをする者は、その叫びを理解していないのだろうか。

七 (中略)われわれはまた、第二節における語の慣用の全過程を、子供がそれを介して自分の母国語を学びとるゲームの一つだ、と

ず第一に考えるのは「子どもが語を聞くと、ものの映像がその子の心に浮かび上がってくる」ということだろう。しかしそれが語の(唯一の)目的だといえるだろうか。たしかに、それが語の目的であるという場合もありうる(ちょうど、一つひとつの鍵盤にそれぞれの表象[映像]が結びついており、その鍵盤をたたくとその表象が浮かび上がる場合のように、語によって映像を喚起することじたいがゲームの目的であるような場合である)。しかし、第二節で述べた言語の場合には、表象を喚び起こすことが語の目的ではない(そうではなく、適切な石を渡してもらうことが語の目的なのである)。

たとえ直示的教示が表象を喚び起こすとしても、それが、そのまま語の理解をもたらした、とはいえない。「石板！」という叫びに応じて適切なふるまいをする者こそが、その語を正しく理解した、といえるのだから。

七 われわれはまた、第二節における語の使用の全過程を、子どもが自分の母国語を学びとるゲームの一つだ、と考えることもできる(ある言葉を叫ぶとふさわしい物を渡すという仕方で、言

考えることができよう。わたくしは、こうしたゲームを「言語ゲーム」と呼び、ある原初的な言語をしばしば言語ゲームとして語ることにする。

すると、石を名ざしたり、あらかじめ言われた語をあとから発音するような過程もまた、言語ゲームと呼ぶことができるだろう。

（中略）

わたくしはまた、言語と言語の織り込まれた諸活動との総体をも言語ゲームと呼ぶだろう。

出典：一九五三年公刊。本文は『ウィトゲンシュタイン全集8』大修館書店（藤本隆志《ふじもとたかし》訳）によった。

◉哲学の問い…………　さまざまな社会的な営みを、それぞれ異なった言語ゲームとみなすことができる。では「挨拶しあう」という言語ゲームは、どのようなルールと目的をもつものといえるだろうか。いくつか具体的な場面を想定しながら考えてみよう。

葉を学ぶゲームをしている、と考えることも可能である。このように、語のはたらきをもっぱら対象をさしたり表象を喚び起こしたりすることにある、と考えてはならないのであって、つねに、語がどのようなゲームのなかに織り込まれているかを考えなくてはならないのである。だからこそ）わたくしは、こうした言語が織り込まれたさまざまな活動を「言語ゲーム」と呼ぶことにする。そうすると、石を名ざしたり、あらかじめ言われた語をあとから発音するような過程もまた、言語ゲームと呼ぶことができるだろう。わたくしは、「言語と言語の織り込まれた諸活動との総体」を言語ゲームと呼ぶことにしたい。

ウィトゲンシュタインについて　一八八九－一九五一

［人と時代］　哲学は私が終わらせよう！

ウィトゲンシュタインは、一八八九年、芸術と文化の都市「世紀末ウィーン」に生まれた。家は大富豪で、兄姉たちは音楽や絵画など芸術の世界で才能を発揮した。しかし四人いた兄のうち三人までが自殺し、自分もいつか自殺するのではないかという不安を生涯背負って生きたという。

幼い頃から機械に強い関心をもっていた彼は、航空工学を学ぶうちに数学に興味をもつようになり、一九一二年、ケンブリッジのトリニティー・カレッジに籍を移した。そしてラッセルのもとで本格的に論理学を学びながら、哲学の難問はすべて自分が解いてみせるという、とんでもないことを考えるに至るのである。

父親が死去した一九一三年にはノルウェーやウィーンで、翌年の第一次世界大戦勃発後は、志願兵として従軍しながら思索を重ね、一九一八年、哲学界を震撼《しんかん》させた前期の主著『論理哲学論考』（以下『論考』）を事実上完成させる（刊行は一九二二年）。

これまでの哲学は、そもそも解けない問題を嬉しそうに弄んでいたにすぎない。哲学は何を問題にすべきなのか、それをどう解けばよいのかを明らかにすれば、すべて解決できるはずだ。そのためには、言葉の本質と限界を解明すればよい。その解明を実際にやってみせたのが『論考』である。そこで彼は「（言葉で）世界は完全に記述される」と明言し、「（哲学の）諸問題は本質的には、最終的に解かれた」と高らかに宣言したのである。

これで哲学は終わった……、そう確信した彼は、「人は、語り得ぬものについては、沈黙しなければならない」という謎めいた一文を残して哲学界から去った。難航していた『論考』の出版もラッセルに一任し、一九二〇年、小学校の教員となったのである。ただ、あまりに熱心すぎたため、一九二六年、体罰事件により退職してしまう。

しかし一九二八年、ある数学者の講演を聞いた彼の心に、再び哲学の火が燃え始めた。哲学は死んではいなかったのである。一九二九年、再びケンブリッジに戻り、有名な「言語ゲーム」論などを打ち出す。それまでの言語観を根底から揺さぶり、後の学問や思想に強い影響を与えた彼の理論は、後期の主著『哲学探究』（一九四九年完成、一九五三年刊行。以下『探究』）にまとめられている。彼自身はそれが出版される二年前の一九五一年、「みんなに、私はすばらしい人生を送ったと伝えてください」という言葉を残して死去。六二歳であった。

［思想］言語は人々の間でのゲームである

ウィトゲンシュタインは、若い頃から、神の存在や人生の意味の問題に深い関心を寄せていた。しかし彼は、これらは、言葉でもって真偽を確定することのできない、つまり「語り得ない」問題なのだ、と考えるようになる。そうした問題と、真偽が明確に決定しうる問題とを明確に区別しようとして、『論考』は書かれた。これは一八世紀のカントが、魂の不死、自由、神の存在などは、理性によっては解決しえない問題である、と論証しようとしたのと、共通する問題意識といえる。

さて『論考』によれば、厳密に真偽を決定できる知識とは、第一に、目の前の事実について語る、「この花は赤い」のような命題である。これを知識の最小単位とみなして「要素命題」と名づける。そして第二に、複数の要素命題に、「かつ」（∧）とか「否定」（～）などの論理操作を加えることで「複合命題」ができるが、これの真偽も、もとの要素命題の真偽から一義的に確定することができる。

このように、世界のなかの事実について言及する要素命題と、それを組み合わせたものについてのみ厳密に真偽が確定できる、というのが『論考』の結論であった。そうなると、神の存在だけでなく、因果律（何かが生じれば必ずその原因がある）も語り得ないことになり、自然科学の法則も厳密には真偽が確定できない「仮説」に留まることになる。

『論考』は、きわめて綿密に構築された書物であり、この書を聖典とみなす「論理実証主義者」（シュリック、カルナップなど）を生み出したほどである。しかし、後期のウィトゲンシュタインは、『論考』の言語観を打ち壊して〈言語ゲーム〉という新たな言語観を生み出していく。その骨子を大きく三点でもって整理してみよう。

①言語使用はすべて実践的な行為である

『論考』では、認識とは、言語でもって世界のなかの事実をそのまま写し取ることだ、と考えられていた。しかし後期の『探究』では、すべての言語使用はなんらかの必要や欲求に基づく実践的な行為である、とみなされる。例えば火事を言葉で語るときには、「消防署に報告して対応を求める」という目的のために行うのであって、目的も観点もなく語ることは不可能であろう。こうして後期の言語観は、認識を「力への意志」（ニーチェ）や「存在可能性」（ハイデガー）のためのもの、とみなす立場に近づいている。

②言語はさまざまな種類の言語ゲームをなしている

前期の『論考』では、言語のはたらきは事実の記述だけに限定されていた。しかし後期では、「命令する、それに従って行動する」「挨拶する」「小話を作り、それを語る」などのさまざまな種類の言語使用が視野に入ってくる。そしてこれらを、言語を用いながらそれぞれ異なったルールに従って営まれるゲーム、という意味で〈言語ゲーム〉と呼ぶようになる。

その際、それぞれの言語ゲームのルールは、他の人たちとのゲームに巻き込まれていくなかで体得されていくものであり、当人にとっても、非明示的で明確には言語化できないものとしてある（私たちが母国語を身につけるプロセスをイメージしてみよ）。私たちは、自分でも意識化できない慣習的なルールに従ってさまざまな営みを行っており、あえてそのルールを言語化（認識）しようとしても完全に認識し尽くすことはできない、と彼はいう。ルールの言語化じたいが一種の言語ゲームであり、それじたいも意識されないルールによって支えられているからである。

③一切の言語ゲームは、慣習によって支えられている

さまざまな言語ゲーム（学問・スポーツ・仕事など）はそれぞれのルールをもつが、それが現行のものでなければならない絶対の理由はなく、言語ゲームはどれも慣習を最終的な根拠として自らを支えている、とウィトゲンシュタインは考える。認識という「真偽を判断する言語ゲーム」についても、最終的には「地球は大昔から存在していた」「私は脳をもっている」というような一群の慣習的信念（これ以上疑う必要のないこと）によって支えられているとみなす。こうして、完全な論証も絶対的な真理もありえないことになる。

これはしかし、数学や物理学のような学問が広く共通理解を獲得している理由を説明してくれてはいない、と私（西）は考える。

［本文解説］語の意味は、言語ゲームにおけるその語の用いられ方（用法）である

本文は『探究』の冒頭部分から採った。「石の名前が呼ばれると、それを渡す」という簡単な場面設定から言語ゲームのアイデアを展開していく、有名な箇所である。

最初に取り上げられるアウグスティヌスは、「語の意味はそれが名ざす対象（物）である」という、分かりやすい常識的な考え方を述べているが、このときウィトゲンシュタインはかつての『論考』の言語観を念頭において いる。『論考』では、「この花は赤い」という命題のなかの「この花」という語は目の前の花をさし、「赤」という言葉はその花の色をさす、とされていた。そして語が物を名ざすからこそ、語の集まりとしての命題は、事実の「写像」

（事実の模型）として機能する、と考えられていた。

しかし『探究』のように、言語を人々の間でのゲームとみなすようになると、語の意味は「物」ではなくなる。職人が「石板！」と叫んで助手が平たい石を渡すとき、叫ばれるこの語は、特定の石の表象（イメージ）を喚び起こすことではなく、特定の石を渡すことを求めているからである。

このように、語を物の名とみるのではなく、語でもって私たちはなんらかの目的をもったゲームをしている、という見方をすると、語の意味は、そのつどのゲームでその語がどのように用いられているか、つまりその語の「用法」だと考えられるようになるのである。

［未来への架け橋］言語ゲームを認識し改変すること

私たちのさまざまな営みを、さまざまなルールをもつ言語ゲームとして見ることを、ウィトゲンシュタインは教えてくれた。彼自身は、言語ゲームは慣習に支えられていると考えたが、むしろ、なんらかの悦《よろこ》びや利益（ハイデガーのいう存在可能性）をゲームの参加者に与えることによって支えられている、と考えたほうがよい。だからもし参加者が「もっとこちらが楽しい・こちらがより公正である」などと考えるならば、そのルールを書き換えようと試みることができる。

そうだとすれば、さまざまな言語ゲームとそこでのルールを、それがどのような悦びや有用性を人々に与えているかという点から認識し、そして必要があれば、何らかの改善の提案をすることができる。言語ゲーム論は、社会の営みを認識し改善していくための方法論になりうるのである。

◉哲学への問い……考えるヒント　学校や会社で「こんにちは」と声をかけられたら、挨拶を返すのがルールであろう。返事をしないということは、無視された・敵意をもつ、とみなされるからだ。さらに、いろんな段階を考えることもできそうだ。「敵意がない」ことを示すという段階から、積極的に「親愛感・仲間意識」を示すものまで。さまざまな具体的な場面に即して精密に考えてみると、新たな発見があるかもしれない。

●読書案内　『はじめての言語ゲーム』橋爪大三郎《はしづめだいざぶろう》（講談社現代新書）

プラグマティズム

パース（一八三九－一九一四）　ジェイムズ（一八四二－一九一〇）
デューイ（一八五九－一九五二）

　プラグマティズムは、一九世紀の後半に登場したアメリカ独自の哲学だ。創始者はチャールズ・サンダーズ・パースという哲学者だが、とても風変わりな人で、その気むずかしい性格のせいか大学に定職を得ることもできず、生前はほとんど無名のままだった。そのパースの創始したプラグマティズムを一躍世界的な哲学潮流たらしめたのは、ウィリアム・ジェイムズとジョン・デューイという、二人の哲学者たちだった。

　プラグマティズムの語源である「プラグマ」とは、ギリシャ語で「行為」や「実践」を意味する言葉。プラグマティズムの哲学者たちは、何が絶対的な真理かとか、何が絶対に正しいことかとかいった、それまでのヨーロッパの哲学が問うてきたいわばあまりに高邁《こうまい》な問いをやめ、私たちが探究すべきは、真理ではなく「役に立つ」知識だと主張したのだ。

　ヨーロッパの哲学者たちは、プラグマティズムなどいかにも実用主義者の国アメリカの哲学だと、当時は半ば侮蔑的な批判を浴びせていた。しかし、ニーチェやフッサールのページにもあるように、今日、絶対的な真理などわれわれには決して分からないのだということが、哲学的にはもはや自明のこととなっている。真理ではなく「役に立つ」知識を探究しようというプラグマティズムの主張は、だからきわめて先駆的な考えだったのだ。

　著書『プラグマティズム』において、ジェイムズは次のように言っている。真理とは、「それを信じる方がわれわれにとってよりよいものである」。それゆえ神の観念でさえ、もしもそれが私たちにとって役に立つのなら、真理であると言っていいのだと。それまでのヨーロッパにはなかった、「使える」ことに徹底的にこだわった哲学の登場だった。

　デューイについて特筆すべきは、プラグマティズムに基づく彼の教育哲学だ。「知識」は詰め込まれるべきものではなく、子どもたちが自らの経験を通して、役に立つものとして獲得していくものでなければならない。デューイのこの考えは、現代の日本をはじめ、世界中の教育に今なお大きな影響を与え続けている。

差異性《ディスティンクトネス》と他者性《アザネス》

ほんとうに豊かな社会をめざして

アレント［人間の条件］

アレントには、「労働」「仕事」「活動」というキーワードがある。労働は生きる上で最低限必要な営み、仕事は人間生活を楽しくするための工夫、そして活動は人間の社会的、文化的な営みを意味する。

多種多様な人びとがいるという人間の多数性は、活動と言論がともに成り立つ基本的条件であるが、平等と差異という二重の性格をもっている。もし人間が互いに等しいものでなければ、お互い同士を理解できず、自分たちよりも以前にこの世界に生まれた人たちを理解できない。そのうえ未来のために計画したり、自分たちよりも後にやってくるはずの人たちの欲求を予見したりすることもできないだろう。しかし他方、もし各人が、現在、過去、未来の人びとと互いに異なっていなければ、自分たちを理解させようとして言論を用いたり、活動したりする必要はないだろう。なぜならその場合には、万人に同一の直接的な欲求と欲望を伝達するサインと音がありさえすれば、それで十分だからである。

◆解読

多種多様な人間が存在すること、これが人間社会における活動と言論の営みの前提だが、そのことがもつ意味を、平等と差異という二つの言葉で考えてみよう。

人間同士は互いに等しいという側面をもたなければ、昔の人間の生活やその歴史を理解したり、また未来の人間のために配慮したりできない。だが他方、人間がそれぞれ異なった面をもつのでなければ、そもそも互いに理解し合おうとする努力も現れないだろう。

人間の「差異性」と「他者性（＝他性）」は、同じものではない。「他性」とは、単にこの世にあるものはみなそれぞれ違っているということだが、「差異性」とは、例えば同じ種に属する有機体の間に存在する、個体としての多様さと差異のことだ。だが大事なのは、人間だけがこの個性の違いを自覚し、表現できるということ、またそのことで自分の内的な感情、思いを、互いに伝えあおうとしているということである。こうして、人間は、それぞれ「他性」をもつと人間の差異《ディスティンクトネス》性は他者性《アザネス》と同じものではない。他者性とは、存在する一切のものがもっている他性《アルテリタス》という奇妙な質のことである。（中略）これにたいし、有機的生命の場合には、同じ種に属する個体の間においてさえ、すでに、多様さと差異が示されている。しかし、この差異を表明し、他と自分を区別することができるのは人間だけである。そして、人間だけが、渇き、飢え、愛情、敵意、恐怖などのようなものを伝達できるだけでなく、自分自身をも伝達できるのである。このように、人間は、他者性をもっているという点で、存在する一切のものと共通しており、差異性をもっているという点で、生あるものすべてと共通しているが、この他者性と差異性は、人間においては、唯一性《ユニークネス》となる。したがって、人間の多数性とは、唯一存在の逆説的な多数性である。

言論と活動は、このユニークな差異性を明らかにする。そして、人間は、言論と活動を通じて、単に互いに「異なるもの」という次元を超えて抜きん出ようとする。つまり言論と活動は、人間が、物理的な対象としてではなく、人間として、相互に現れる様式で

いう点では同じだが、個体としての「差異性」をもつ点で、ほかの存在とはまったく異なった独自性（ユニークさ）をもっている。

言論と活動こそは、人間の存在のこの独自性の本質をなによりもよく示すものだ。人間は、言葉、活動の営みにおいて、単に「他性」をもつものではなく、互いに独自の「自己」たろうとして競いあう。そのことで人間は相互に「個としての人間」であろうとする。この「個としての人間」たろうとする営みこそは、人間の独自の本質であって、人間と他の生き物との決定的な違いを示している。

人間は、例えば専制支配者のように、権力によって他人を働かせ、物質を享受することによってだけ生きることもできる。しかし、このような生活は、言論と活動の営みをどこにももたず、その意味で、人間の人間たる本質を欠いた生活である。

言葉の営みによってはじめて私たちは、「人間の世界」に入り込む。これは人間にとって第二の誕生を意味する。このことで私たちは自分の生の条件を知り、それを引き受けつつ、自分

ある。この現れは、単なる肉体的存在と違い、人間が言論と活動によって示す創始《イニシアティヴ》にかかっている。しかも、人間である以上止めることができないのが、この創始であり、人間を人間たらしめるのもこの創始である。（中略）人間は、自分では世界に有用なものをなに一つつけ加えないで、ただ物の世界を使用し、享受するだけにしようと決意してもいっこうに構わない。（中略）ところが、言論なき生活、活動なき生活というのは世界から見れば文字通り死んでいる。（中略）

　言葉と行為によって私たちは自分自身を人間世界の中に挿入する。そしてこの挿入は、第二の誕生に似ており、そこで私たちは自分のオリジナルな肉体的外形の赤裸々な事実を確証し、それを自分に引き受ける。この挿入は、労働のように必要によって強制されたものでもなく、仕事のように有用性によって促されたものでもない。

出典：一九五八年公刊。本文は『人間の条件』ちくま学芸文庫（志水速雄《しみずはやお》訳）によった。なお、一行空けるなど、表記を一部変更した。

●哲学の問い…………　もしこれから新しい社会を作るとして、どういう社会が人間にとって豊かな社会かを皆で話しあってみよう。

たちがどこに向かうべきかを理解するのだ。この営みは、労働のように余儀なく強いられたものではなく、仕事のように単なる有用性に促されたものでもない。言葉の営みの世界においてはじめて、人間は人間的な生を作り上げるのだ。

アレントについて　一九〇六－一九七五

［人と時代］「人間的自由」の可能性を追求した哲学者

アレントは、二〇世紀初頭、第一次世界大戦とロシア革命の直前となる一九〇六年に、ドイツでユダヤ人として生を受けた。「知的職業につく社会主義的ユダヤ人の娘」であったアレントは、マーブルク大学に入学、哲学者ハイデガーと出会う。ハイデガーのもとで哲学に没頭し、またハイデガーとは一時、恋愛関係にあったと言われる。一九三三年、ナチスの激しく残酷なユダヤ人迫害から逃れるためドイツからパリへ移り、一九四一年にはアメリカに亡命、一九七五年にアメリカで没する。時代の悪夢と嵐の中に巻き込まれた生涯だった。しかしこの体験からアレントの思索は「全体主義」「暴力」「ユダヤ人」「自由」といった問題に向かっていく。理性に目覚めた近代人が、自由を実現する方向にではなく、信じられないほど愚かしい暴力や抑圧に向かってしまったのはなぜか。この問題にアレントは著書『全体主義の起源』（一九五一年）で全力をもってあたり、『人間の条件』（一九五八年）においても考え続ける。これまでの哲学者が突き当たったことのない難問に立ち向かったのである。

アレントが生きた二〇世紀は、ロシア革命に始まる社会主義国家の誕生と、二つの世界戦争による未曾有の死者を生み出した時代である。アレント自身もその中で全体主義、大量殺戮《ジェノサイド》に直面し苦しんだ。これらは人類が初めて経験した負の歴史といえるであろう。しかし、ここにこそ二〇世紀になって現れた大きな問題がある。このことを考え抜かなければ、人間は同じような過ちを犯し、この苦しみから逃れることはできない。

私たちが生きる二一世紀によき展望を得ようとすれば、アレントが追求した問題がせり上がってくる。また、二〇世紀の終盤の九〇年代に「アレント・ルネッサンス」と呼ばれるアレントの再評価が起きたということも、アレントの思想がこの難問を解くための鍵となることを示しているだろう。私たちも、アレントが考察した「人間的自由」の問題を避けて通ることはできないのである。

［思想］「公共のテーブル」と人間の「活動」

本文のリード文でも触れたが、アレントには、人間の「自由な生の条件」についての「労働」「仕事」「活動」という、重要な概念がある。「労働」は、人間の生存にとって最低限必要な財を作り出すための営み。「仕事」は、その上にあって、人間生活に便利や快適をつけ加える営みで、道具、工芸、さまざまな製作品などを生み出す。そして、さらにその上に、自由な言論や表現の営為としての「活動」がある。

さて、人間は生きる上で必ずこの三つの営みを行うが、アレントによると、必要な「労働」の営みが効率的に果たされる度合いに応じて、人間にとって、「仕事」と「活動」の営みを行う余地が大きくなる。「仕事」や「活動」の営みでは、創造性や個性の要素が大きいので、人間にとっての「自由な生」の条件が高くなるのだ。

もう一つアレントに重要なキーワードがある。それは「公共のテーブル」という言葉だ。人間が社会的に共生することをこんな仕方でイメージしてみよう。人々の真ん中に大きなテーブルが一つ置かれると、回りにみんなが集まってくる。するとこのテーブルは、「人々を結びつけると同時に分け隔てる」ものとなる。

「公共のテーブル」のモデルは、ギリシャのポリスにおける自由な言論活動の場所だ。人々は「労働」と「仕事」の場面から解放されて、広場（アゴラ）に集まり、自分たちの社会にとって何が大事なことかを自由に語りあう。ここで重要なのは、人々が多様な感受性、価値観をもっており、それがこのテーブルで交換されあい、そのことで互いに自分たちの感度を鍛えあう、ということだ。

アレントは、主著『人間の条件』で、近代社会を、いわば労働絶対主義によってこのような自由な「活動」の公共空間が奪われた社会として批判した。近代社会は、「仕事」や「活動」の要素までが効率を上げるための「労働」の営みに浸食されてしまう。そのことで、人間の自由が発現する「活動」の空間が貧しくなる、と。

［本文解説］人間的な自由の本質

この文章には、人間の「自由」とは何かについてのたいへん本質的な考察がある。ふつう「自由」というと、われわれは、まずある拘束された状態からの解放を考え、次に、自分の欲望が思うように満たされること、を考える。規制からの解放としての自由、そして欲望の実現可能性の能力としての自由である。

アレントはここで、「自由」の本質を、個人の存在や能力の状態とは考えず、なにより「人間どうしの関係」のあり方として考察している。人間は、単に個体として他の個体と違っているだけではなく、「個性」として他の個体との「差異性」をもつ。それが人間が社会的に存在しているということの基本の意味である。

各人は自分の独自の感受性、価値観や倫理観をもち、それを他と取り換えがたい自分の個性として自覚しつつ生きている。人間的な意味での「自由」は、そのような差異性をもった人間どうしが、共通のルールを作って相手との平等を認めあい、その上で、「公共のテーブル」に集まって社会的な営みを競いあうときに現れる。

その「活動」は、あるときは社会にとって何が重要かについての「言論」であったり、作品表現だったり、またある共同的な営みだったりする。この、互いに「よりよいもの」を作り出そうとして競い合う営みの中で、人間は「個としての人間」たろうとし、またそのことを通して他の人間を理解する。ここでは、言葉の営みがとても重要だが、まさしくそのような関係の営みの中で、はじめて人間の自由の本質が現れるのだ。

「自由」とは、単に規制や拘束からの解放でも、恣意的な欲望の充足でもない。それは、社会的関係の中で人が互いに個性を認めつつよき「活動」を競い合う営みの中で、はじめてその本質を現す。そうアレントは言っている。

[未来への架け橋] 人間の生の豊かさの条件は?

近代哲学の中心テーマは二つある。第一に、普遍的な認識の条件を問う「認識論」。第二に、キリスト教の没落後、人間の倫理の基準について考える「倫理学」。どの近代哲学者もこの二つのテーマを深く考えた。しかし、社会思想家といえるアレントの中心テーマは、少し違って、「人間が自由に生きるための条件とは何か」という点にある。

近代社会は、経済的な豊かさという点では大きな発展をとげた。とくに戦後の先進国では、高度消費社会という言葉が現れるほど、生活水準のめざましい上昇があった。しかし、現在では、経済的な豊かさと生活の豊かさとが必ずしも一致しないことに、多くの人々が気づいている。

アレントは、この問題を、単に経済的豊かさに対して精神的な豊かさを強調するというのではなく、人間の本質的な自由の条件、という概念で深く問いつめた。そしてそれを「労働」「仕事」「活動」という三つの概念で、とても鮮やかに示してみせた。社会は、いかにして、「労働」の空間を縮小し、「仕事」や「活動」の領域を増やすことができるか。これは、これからの人間社会がめざすべき、一つの明確な目標、理念となりえている。

◉哲学の問い……考えるヒント 近代社会では各人の「幸福」の形は多様であり、またそれが相互に承認されるべきである、ということを前提にして、この問題を考えてみよう。労働、仕事、活動、そして自由、幸福、人間関係といった言葉は、大事なキーワードになるだろう。

●読書案内 『ハンナ・アーレント』矢《や》野《の》久《く》美《み》子《こ》(中公新書)

知覚の本質

世界とは、私が生きているもの

メルロ＝ポンティ［知覚の現象学］

自分の身体は「物」だろうか？　メルロ＝ポンティの徹底的な考察は、身体というものの不思議な秘密をわれわれに教える。

私は世界を指向し、それを知覚する。その場合、もしも私が感覚主義と相和して、そこにあるのは〈意識状態〉だけだと言うならば、もしも私が私の知覚と夢とを区別するのに〔何か外的な〕〈規準〉をもってしようとするならば、私は世界という現象を捉え損ってしまうだろう。なぜなら、そもそも私が〈夢〉と〈現実〉とについて語ることができ、想像界と現実界との区別について問いを発することができ、また〈現実的なもの〉を懐疑に委ねることができるからには、こうした区別が分析に先立ってすでに私によっておこなわれているはずだからであり、私自身、想像界についても現実界についても一つの経験をもっているはずだからである。（中略）

したがって、われわれはほんとうに世界を知覚しているかどう

◆解読

私は「世界」に向きあっていて、それを知覚している。このとき「感覚主義」の考えに立って、私は世界についての「意識」しかもっていないと考えたり、また、私が現実と夢を区別できるには何か特別の基準がなければならない、などと考えたりするのは間違っている。というのは、そもそも「夢の世界」と「現実の世界」との区分をどう考えるべきかと問うこと自体、私がすでにこの二つの世界を、経験の中で間違いなく区別しているということなのだから。

これと同じく、われわれがほんとうに「世界」それ自体を知覚しているのか、といった問いは無意味な問いであって、むしろ、われわれの知覚しているもの、それがすなわち世界である、と考えたほうがよい。もっと一般的にはこうもいえる。知覚のもつありありした明証性は、ほんとうに「真実」を写しているのか、とか、この知覚の明証性も、じつは人間の認識能力がもつ限界を考えれば、「世界のあるがまま」を知覚しているという錯覚にすぎないのではないか、といった問いは、馬鹿げていると。

かは問題にすべきことではなくて、むしろ逆に、世界とはわれわれの知覚している当のものである、と言うべきである。もっと一般的に言えば、われわれのもっている明証性ははたして真理であるかどうかだとか、あるいはまた、われわれにとって明証的であることも、われわれの精神の或《あ》る欠陥によって何か真理それ自体といったものにたいしては錯覚ではないだろうかだとか――そんなことを問題にすべきではない。（中略）われわれは〔はじめからすでに〕真理のなかに居るのであり、〔われわれのもつ〕明証性がそのまま〈真理体験〉なのだ。知覚の本質を求めるとは、知覚というものはあたまから真なるものと前提されるようなものではなく、ただわれわれにとって真理への接近として定義づけられるものだと、こう宣言することである。

もしもここで私が観念論と相和して、この事実的明証性、この抗《あらが》いようのない確信をば、一つの絶対的な明証性のうえに、つまり私にとっての私の思惟《しい》の絶対的な明晰性《めいせきせい》のうえに築きあげようとするならば、もしも私が私のなかに、世界の骨組みを作ったりそれを隅々まで解明したりするような一つの能産的思惟のようなものをふたたび見いだそうとするならば、私はまたもや自分の世界経験にたいして不忠実なことになってしまうであろうし、私の

われわれは、いつでもすでに、現実の世界の中に生きており、その生き生きとした世界を経験していること、このこと自体が、そのまま「真理体験」なのである。知覚の本質とは何であるか、といった問いは、しばしば、知覚とはそれ自体真なるものではなく、われわれが真理に近づくための一手段だという考えから来ているのだ。

また、私が観念論の考えに立って、この現実経験のもつ生き生きとした確信の根拠を、自分の思惟《しい》のうちにもつ疑いがたい明証性（絶対的明証性）といったものに置こうとするならどうだろうか（これはフッサールの考えを指している）。つまり、世界という体験を作り上げているある根本的な「思惟の作用」といったものを見出《みいだ》そうとするなら、それは正しい道を踏み外している。このとき私は、あるがままの経験を捉えているのではなく、むしろ「経験を可能にしているもの」が何であるか、といった一つの抽象的な問いを立てているのである。

世界とは、私の思惟の対象なのではなく、私が現に経験し、生きているものである。私は自分の脳裏のうちに世界を所有しているのではな

求めているものは、あるがままの経験そのものではなくてむしろ経験を可能にする条件だ、ということになってしまうだろう。

（中略）

世界とは、私が思惟しているものではなくて私が生きているものであって、私は世界へと開かれ、世界と疑いようもなく交流しているけれども、しかし私は世界を所有しているわけではなく、世界はいつまでも汲《く》みつくし得ないものなのだ。「一つの世界が在る」とか、あるいはむしろ、「世界というものが在る」とかという——こうした私の生活の恒常的主題をば、私は全的に合理づけることはけっしてできないものだ。世界のもつこうした事実性〔偶然性〕こそ、世界の世界性（Weltlichkeit der Welt《ヴェルトリヒカイト デア ヴェルト》）をつくっているもの、世界を世界たらしめているものなので（中略）ある。

出典：一九四五年公刊。本文は『知覚の現象学1』みすず書房（竹内芳郎《たけうちよしろう》・小木貞孝《こぎさだたか》訳）によった。
なお、〔 〕内は翻訳者による補足である。また、読みやすさを考えて、適宜改行を加えた。

●哲学の問い………… 人間の「身体」と動物の「身体」の根本的な違いを、どのように言えるか考えてみよう。

く、世界に開かれ世界と交流している。だから世界は、私にとって汲《く》み尽くせないものなのだ。

世界が存在すること、その世界を私が生き、生活していること、このことは、われわれにとって思惟のうちで完全に合理化できるものではない。ここには一つの根本的な偶然性が存在しているのであって、この偶然性こそ、まさしく「世界の世界性」（世界の本質性格）を形づくっているのだ。

メルロ＝ポンティについて　一九〇八－一九六一

［人と時代］　身体を徹底的に追求した哲学者

メルロ＝ポンティは、一九〇八年、フランスに生まれた。高等師範学校に在学中、サルトルに出会い、二十数年間ともに活動した。サルトルはやがて哲学界のスーパースターとなるが、今となってはほぼ哲学の歴史から消えてしまった。かたやメルロ＝ポンティは今もなお影響力を失っていない。これは彼の思考がいかに深く本質的だったかを物語っている。メルロ＝ポンティはリヨン大学で教えながら、実存主義とマルクス主義の融合をめざした政治哲学雑誌『現代（レ・タン・モデルヌ）』誌の実質的な編集長を務めた。フッサール現象学を継承し、さらに独自の哲学的思考を深め、世に高く評価されるようになる。

彼は、「身体」とは何かを徹底的に哲学した。「身体」とは「事物」なのか、それとも「心（の働き）」なのか。普通はこの「謎」に対して、「生理学」や「心理学」などで「謎解き」が図られる。だが、メルロ＝ポンティは、そのどちらでもない方法を取った。「身体」は、「モノ」か「心」か、と問う前に、すでに誰にも経験されて（生きられて）いるものだ。その「生きられる身体」とは一体何なのかを問うべきだ、と。その方法とされたのが、フッサールの現象学だった。現象学は「経験」の本質を取り出す学だったからだ。身体の現象学はフッサールも試みたが十分とはいえなかった。メルロ＝ポンティは、その著書『知覚の現象学』（一九四五年）で、「身体」とは、人間のさまざまな経験が時間的にたまって「感じ方」「行動」「態度」「振る舞い」「美意識」などの網の目になったものだと説いた。私たちの身体は、「主観」とも「客観（的対象）」とも言えない「両義的」なものであることを、彼が発見したとも言える。認識を可能にしている「身体」、また、人が人であるために必須である「言語」の働きと「身体」との関わりについても、現象学的に追求したが、一九六一年、五三歳で惜しくも急逝した。

［思想］　心と身体の「相互滲透」

メルロ＝ポンティの思想のキーワードは、「心身の合一」あるいは「相互滲透《しんとう》」（この言葉は、哲学者竹内芳郎による）だが、これは「心」と「モノ」を二実体と考えるデカルト的な「心身二元論」に対抗する考えである。例えば、アニメの「新世紀エヴァンゲリオン」では主人公が巨大なロボットの中に入ってそれを操縦する。これがいわゆる「心身二元論」の分かりやすいイメージだ。ロボットはあくまで物理的な機械で決まった機能をもっている。しかし人間の「身体」はけっして物理的な機械ではないし、また動物の「身体」とも大きな違いをもっている。ではどこが違うのか。

　動物では「身体」の能力は自然が決定する。そのことで動物は、自然界の秩序の中に絶対的に埋め込まれている。また動物では、あくまで、身体的な欲求が「主体」で、意識はこの欲求を実現するためのいわば〝奉仕者〟にすぎない。それが動物の身体性の本質だ。ところが人間の「身体」は、独自の特質をもっている。

　なによりまず、人間の「身体」は、経験と訓練によっていわば〝感受と運動〟の能力をたえずパワーアップしてゆくのである。例えば赤ちゃんにとっては、リンゴは、単なる赤くて丸いものでしかない。しかし子どもは、リンゴを繰り返し経験して徐々にそれが「何であるか」を〝知って〟ゆく。それはおいしい「食べ物」なのだ。

　このことで、人間は、単に「身体」の欲求に規定される存在ではなく、「身体」の仕組みを自分の主体的な欲望にあわせて編み変えてゆく存在となる。例えば、人間は、練習して泳げるようになり、運転し、外国語をしゃべり、ピアノを弾けるようになる。つまり、人間は、自分の「身体」とたえずコミュニケーションしつつ、つねにこれを編み変え、刷新してゆくのだ。まさしくこのことで、人間の「世界」は、固定的な「環境の世界」ではなく、人間的な価値を本質とする「関係の世界」になるのである。メルロ＝ポンティの「身体論」は、このような人間の「身体性」の本質についての、はじめての根本的考察だった。

[本文解説]　現に経験している世界こそリアルな世界

　まず彼は、われわれが実際に所有しているのは、「世界についての経験的な感覚」だけで、それが正しく感覚の外側の世界を捉えているかどうか分からない、といった感覚絶対主義＝懐疑論的な考えに反論している（哲学史でこの考えにあたるのは、ヒューム）。この感覚主義の考えからは、そもそもわれわれは夢と現実を区別しうるのか、というやっかいな謎も現れてくる。

　もう一方で、彼はデカルト的な「観念論」の考えにも反対する。周知のように、デカルトは、「我考えるゆえに、我あり」と主張した。つまりこれは、存在についての明証的な思惟《しい》作用こそ、存在の確実性の根拠である、という主張である。しかし、そんな考えは余計な回り道だ、とメルロ＝ポンティはいう。

　人間に実際に与えられているのは「感覚」だけだという感覚主義も、人間がもっているのは「世界についての観念」だけだという観念論も、ある錯覚のうちで世界を考えている。つまりどちらも、こちらに感覚あるいは観念があり、向こうに客観的な現実があるが、われわれの感覚や観念が現実を正しく認識しているかどうか保証がない、と考えている。これがいわゆる、主観と客観の図式である。そしてここから、一体どうやって夢と現実とを区別しえるのかとか、われわれが真理をつかんでいるという証拠はあるのか、といった馬鹿げた哲学的難問が出てくるのだ。

メルロ＝ポンティはこう主張する。私はほんとうに客観的な世界を生きているのか、という問いは転倒している。われわれがいま現に生き、経験している世界、まさしくこの事実性としての世界こそ、オリジナルでリアルな世界にほかならない。そしてこの経験の根本にはわれわれの「身体」がある。だから、「世界」とは一体何であるかを本気で問おうとするなら、このオリジナルな世界経験を可能にしている「身体」の本質を捉えなければならない、と。

［未来への架け橋］自己を理解し、刷新するための方法

身体は、自然科学的には、物理的な「実体」だが、哲学的には、誰にとっても、私という実存の「主体」である。これがメルロ＝ポンティの中心のメッセージだ。その理論の核心を理解するには、フロイトの、「心」は時間的に形成されてゆく「構造」である、という理論とくらべてみるのがいい。つまりメルロ＝ポンティでは、「身体」もまた、単に物理的、生理的な「構造」なのではなくて、さまざまな経験を通して、つねに時間的に形成され、変容してゆくような「構造」なのである。

われわれは心と身体をもつ。そしてこの二つは、ふつうはまったく違った原理をもつものとみなされている。しかし彼らの理論が示したのは、心も身体も、われわれが現実に対処するときの「主体としての存在」であるということ、またそれはたえず関係の中で変化してゆく、ということだ。彼らの心と体の理論は、いまも、われわれが「自己」をより深く理解してゆくための、また自己をたえず刷新してゆくための、最も重要な考え方になっている。

◉哲学の問い……考えるヒント　森で発見された野生児を観察した『アヴェロンの野生児』という本がある。野生児は、はじめ衣服を着たがらず、寒いところに裸でいても平気だった。ところが風呂に入る習慣が身につくと、裸を寒がるようになる。この事実は、人間の身体の構造についての大きなヒントを与えてくれる。

●読書案内　『メルロ＝ポンティ――哲学者は詩人でありうるか?』熊野純彦（NHK出版）

ブリコラージュ／冷たい社会と熱い社会

未開の人の「知」のかたち　「文明」ってなに？

レヴィ＝ストロース［野生の思考］

どんな社会も、野生の状態から文明の状態へと進むべくさまざまな努力を積み重ねてきた。そうわれわれは暗黙のうちに考えている。しかしレヴィ＝ストロースは、野生の文明の独自の思考を研究することで、われわれのこの傲慢な「思い込み」を鮮やかに顛倒《てんとう》する。

ブリコラージュ

原始的科学というより「第一」科学と名づけたいこの種の知識が思考の面でどのようなものであったかを、工作の面でかなりよく理解させてくれる活動形態が、現在のわれわれにも残っている。それはフランス語でふつう「ブリコラージュ」bricolage（器用仕事）と呼ばれる仕事である。ブリコレ bricoler という動詞は、古くは、球技、玉つき、狩猟、馬術に用いられ、ボールがはねかえるとか、犬が迷うとか、馬が障害物をさけて直線からそれるというように、いずれも非本来的な偶発運動を指した。今日でもやは

◆解読

「原始的な」というより「はじまりの」科学と呼びたい野生の文明の知識の特性を、よく理解させてくれる活動の形態がいまも残されている。それはふつうフランス語で、「ブリコラージュ」と呼ばれている仕事だ。ブリコレというフランス語の動詞は、球技、玉突き、狩猟、馬術などで使われ、規則的に予測できない偶発的な運動のありようを示すものだ。今日でも、ブリコール（器用人）という言葉は、専門技術をもつ人ではなく、ありあわせの道具や材料を使って、なんとでも有用なものを作る人のことをいう。

野生の人々の思考の特質、つまり神話的思考の本性もまた、これに似ていて、多様ではあるが限度ある材料を使って自分たちの考えを自在に表現するという点にあるといってよい。どんなことがらを表現するときでも、ここでは、ともあれ手持ちの材料を工夫して組み合わせ、独自の仕方で思考を表現するのだ。この点で、野生の神話的思考の特徴を、一種の知的な器用仕事（ブリコラージュ）といえるように思う。

り、ブリコルール bricoleur（器用人）とは、くろうととはちがって、ありあわせの道具材料を用いて自分の手でものを作る人のことをいう。ところで、神話的思考の本性は、雑多な要素からなり、かつたくさんあるとはいってもやはり限度のある材料を用いて自分の考えを表現することである。何をする場合であっても、神話的思考はこの材料を使わなければならない。手もとには他に何もないのだから。したがって神話的思考とは、いわば一種の知的な器用仕事《ブリコラージュ》である。（中略）

　科学はその全体が偶然と必然の区別の上に成立した。その区別はまた出来事と構造の区別でもある。（中略）ところが神話的思考の特性は、工作面での器用仕事《ブリコラージュ》と同様、構造体をつくるのに他の構造体を直接に用いるのではなくて、いろいろな出来事の残片や破片（中略）を用いることである。（中略）神話的思考は器用人《ブリコルール》であって、出来事、いやむしろ出来事の残片を組み合わせて構造を作り上げるが、科学は、創始されたという事実だけで動き出し、自ら絶えまなく製造している構造、すなわち仮説と理論を使って、出来事という形で自らの手段や成果を作り出してゆく。だがまち

　科学の特質は、つねに偶然的なものと必然的なものを区別し、また個々の出来事とその構造とを区別するところにある。しかし神話的思考では、ある構造を取り出すのに、いわば個別的な出来事の断片をつなぎ合わせるようにして行う。つまり、神話的思考は、先に見たような器用人の道をとるのだ。

　これに対して科学は、つねに仮説と理論と実験を使って、出来事の全体をつねに大きな「構造」として把握しなおしてゆくような道を進む。だがこのことから、前者から後者へと進む人類

がえないようにしよう。それらは人智《じんち》の発展の二段階ないし二相ではない。なぜならば、この二つの手続きはどちらも有効だからである。物理学や化学はすでにふたたび定性的になろうとしている。すなわち二次性質をも知ろうとするのである。それらが説明されるようになったとき、こんどはそれが説明の手段になるであろう。それが完成すれば、現在足ぶみをして待っている生物学もおそらく生命を解明することができるようになろう。他方また神話的思考も出来事や経験のとりことなりそれらを倦《う》むことなく並べかえて意味を見出《みいだ》そうとしているだけではない。それは解放者でもある。無意味に対したとき科学はまずあきらめて妥協したのであるが、神話的思考は抗議の声を上げるからである。

冷たい社会と熱い社会

私はほかの所で、「歴史なき民族」とそれ以外の民族を分けるのはまずい区別であって、それよりも、私の話に都合のよい呼び方で言うなら「冷たい」社会と「熱い」社会とを区別する方がよかろうという考えを述べておいた。冷たい社会は、自ら創り出した制度によって、歴史的要因が社会の安定と連続性に及ぼす影響

の発展の相を示している、などと考えないようにしよう。これらの二つの思考法は、どちらも有効なのだ。

　物理学や化学は、いつか生命の秘密を解明するところまで進むかもしれない。しかし一方で神話的思考も、単に個々の出来事や経験のうちにとどまって器用仕事をしているだけなのではない。それはむしろ意味の解放者である。科学が無意味なもの、非合理なものにぶつかってこれを無視しようとするとき、神話的思考はつねに抗議の声を上げるのだ。

私は別の場所で（『レヴィ＝ストロースとの対話』）、「歴史のない民族」と「歴史をもった民族」という区分よりもむしろ、「冷たい」社会と、「熱い」社会という区別をおくほうがよい、という考えを述べたことがある。

　冷たい社会とは、歴史あるいは時間の流れが、社会におよぼす不安定な要素をできるだけ取り

をほとんど自動的に消去しようとする。熱い社会の方は、歴史的生成を自己のうちに取り込んで、それを発展の原動力とする。さらに、史的連鎖にもいくつかの型を区別しなければならない。ある種の史的連鎖は、持続〔時間〕の中にあるとは言うものの、回帰性をもっている。たとえば四季の循環、人間の一生の循環、社会集団内の財物と奉仕の交換の循環などがそれである。これらの連鎖は、持続の中で周期的に繰り返されてもその構造は必ずしも変わるわけではないので、問題とはならない。「冷たい」社会の目的は、時間的順序が連鎖それぞれの内容にできるだけ影響しないようにすることである。その目的の達成はおそらく不完全なものでしかないであろうが、ともかくそれが、これらの冷たい社会の自らに課する規範なのである。これらの社会が使っている方法は現代の民族学者のうちのある人々が認めている以上に有効性の高いものだということも述べておかねばならないけれども、真の問題は、どのような現実の結果が得られるかを知ることではなくて、これらの社会がどのような持続的意図に導かれているのかを知ることである。（中略）

　好んでかしぶしぶかは別としてこの条件（引用者注・あらゆる社会

除こうとするような制度をもつ社会である。これに対して、熱い社会は、社会の時間的、歴史的な変化を許容し、社会をつねに発展の方向へ向けようとする。

　この場合、歴史的な変化の連鎖はいくつかのタイプに区別できる。例えば、時間的な変化が回帰性、循環性をもつもの、すなわち、四季の変化の循環、人間の一生の循環、社会内における財や奉仕の（交換などによる）循環といったタイプのものである。ここでは、時間的な連鎖はただ循環するだけで、社会の構造に大きな変化をもたらすことはない。

　冷たい社会は、時間的な連鎖が社会の構造に大きく影響しないことを一つの「目的」としてもっている。それが必ずしも完全には達成されないとしても、そのために彼らが用いている方法がしばしば高い有効性をもつことは、一定の民族学者たちの認めるところだ。しかし、ともあれ重要なのは、これらの社会がもつそのような特質の意味をよく理解することである。

　われわれは、古来、人間社会が、ある場合には強いられつつ、またある場合は自覚的に、時間と歴史の変化を受け入れ、社会を発展的に推が歴史の中で発展してゆくという条件。中略部分を指す。）を受け入れ、意識化することによってそのおよぼす結果（自らに対する、また他の社会に対する）を異常に増幅する社会もあるが、他方それを無視して、発展過程の中で「初原的」と考えられる状態を巧みに――われわれはその巧みさを過小評価している――可能な限り恒常化しようとする（そのためにわれわれが原始的と呼ぶ）社会もある。

出典：一九六二年公刊。本文は『野生の思考』みすず書房（大橋保夫《おおはしやすお》訳）によった。なお、〔 〕内は翻訳者による補足である。

◉哲学の問い…………「西洋近代文明」の功罪について、それぞれを取り出して考えてみよう。

し進める方向へと進んできたことを知っている。しかし、これとは逆に、自分たちの社会を、さまざまな工夫によって、できるだけ「初原的」な状態に留めておこうとする努力を続けた社会も、また存在していたことを忘れてはならない。

レヴィ＝ストロースについて　一九〇八―二〇〇九

［人と時代］「構造主義」を生んだ二〇世紀最高の人類学者

レヴィ＝ストロースは、一九〇八年、フランス系ユダヤ人の家庭に生まれた。字もまだ読めない二歳のとき、boulanger（パン屋）とboucher（肉屋）という店の看板を見て、「両方とも同じ形（bou-という音節）をしている、同じ音を表しているにちがいない」、と確信したらしい。異なるもののなかに不変の要素を求めようとする、構造主義者としての彼の将来を予感させる逸話である。

幼い頃から異国趣味をもっていた彼だが、大学では哲学を専攻。卒業の翌年、フランス最難関の哲学教授資格試験に見事合格し、知識人としての道を順調に歩みだす。だが、二七歳のときに転機が訪れる。新設のサンパウロ大学から社会学講師としての招きを受け、ブラジルに赴任、そこでアマゾン奥地に住むインディオの研究調査をすることになったのだ。彼らと生活をともにするうちに、無文字社会にも、西洋近代の「文明」とは異なるが、豊かな「野生の思考」が働いていることを知る。

その後いったんはフランスに帰国するが、ユダヤ人であった彼は、第二次大戦中、ナチスを逃れて今度はアメリカに亡命。このとき、ローマン・ヤコブソンという言語学者と知りあい、ソシュールの思想を教わる。これが「構造」の発想を生むきっかけとなった。一九四九年、未開民族の親族組織の構造を論じた大冊の学位論文、『親族の基本構造』を刊行。学界から高い評価を受ける。その約十年後、最初の論文集である『構造人類学』の出版によって、「構造」という概念は広く世界に知れ渡り、二〇〇九年、一〇〇歳で没するまで構造主義の中心を担った。

レヴィ＝ストロースは『野生の思考』で、実存主義の旗手サルトルをきびしく批判した。これは戦後の思想界に君臨していた実存主義に代わり、構造主義の全盛を決定づけたものとしてたいへん有名である。サルトルの主張はこうだった。歴史はつねに前進する、その社会変革に向かって人間は主体的にかかわるべきだ、と。けれども、歴史を発展的に捉えるのは、西洋文明を特権視する見方ではないか。「文明」も「歴史」ももたない未開民族の人々だって、彼らなりの尊い生活を営んでいる。そもそも異なる文化を比較して優越を論じることはできないのだ。レヴィ＝ストロースのこうした姿勢は、「主体」や「歴史」を重視する近代主義、ヨーロッパ中心主義への異議申し立てとして、ポストモダンや、今日の「文化相対主義」の立場に受け継がれている。

［思想］普遍的な「構造」を見事に取り出す

レヴィ＝ストロースは構造主義の祖とされている。「構造主義」とは何かを理解するためには、フロイトの仕事が参考になる。すでに見たように、フロイトは神経症の患者の夢から、人間の心の「無意識」がどうなっているのかを分析した。つまり、さまざまな夢というデータから、人間の無意識の「構造」を推論してみせたのである。

　フロイトは、人間の心の「構造」としてまず「意識（自我）」－「無意識」という区分を示した。それから、心の力学としての、リビドー（性的なエネルギー）、抑圧、歪曲《わいきょく》などの考え方、さらに幼児期の心の関係としてのエディプス・コンプレックス、トラウマなどの概念を提示した。

　さて、どんな社会も親族の体系（システム）をもっている。レヴィ＝ストロースは、ちょうどフロイトが夢というデータから人間の深層心理の構造を取り出したように、多様な親族の体系から、ある重要な「構造」を見出《みいだ》した。

　どんな親族の体系も、その中心に婚姻の禁止ということがある。親子やきょうだいのあいだの婚姻の禁止は、どんな共同体でも共通だが、その他に、イトコ、ハトコ、オジ、オバ等の間にもいろんな形で禁止や制限がある。これはきわめて多様、複雑で、ある意味、支離滅裂に見える。レヴィ＝ストロースは、この多様な親族のシステムを分析し、そこから、それを貫く「女性の交換」という普遍的「構造」を取り出してみせ、その分析の見事さで人々を驚かせた。

　彼の指摘は多くの人を納得させるものだった。どんな社会も、つねに必ず「女性」「財」「情報」を交換しつつ存続してきた。それらのものの交換が持続的になければ、共同体は活力を失って滅びてしまうからである。

　さて、たえず変化する多様な現象（データ）から、ある不変の「構造」や「本質」を取り出すこと、これは思想や科学の基本の方法といえる。「構造主義」は、この方法を、とくに人々にとって無意識となっている「構造」の発見の方法としておし進めたものといえる。

　レヴィ＝ストロースが示したように「構造分析」的思考は、うまくゆくときわめて見事な成果をあげるが、しかし弱点ももっていた。例えば、フロイトが人間の無意識の構造として取り出した説、エディプス・コンプレックス、生の衝動と死の衝動などの説は、実証的には結局確証することができず、いまもあくまで一つの仮説にとどまっている。これと同じ弱点を構造主義ももっている。

　レヴィ＝ストロースの「構造分析」はきわめて説得的で

高い評価をえたが、そのあとおびただしく現れた「構造分析」的理論は、単なる推論の域を出ないものも多かった。新しい思想の方法として時代を画した構造主義は、やがて、それが真に普遍的な「構造」の認識といえるかどうかについて、つぎの「ポスト構造主義」の思潮からきびしい批判を受けることになる。

［本文解説］西洋近代文明に対する反省のもとに

【ブリコラージュ】 西欧の近代文化を最も〝進んだ〟人間の文化と見なすことに対して、大きな異議をおくこと。ここにレヴィ＝ストロースの中心的なモチーフがあった。われわれは暗黙のうちに、文明の発展というものを人間にとって価値あるもの、有意義なものと見なしている。しかしレヴィ＝ストロースは、野生の部族でのフィールドワークを通して、このような考えには、人間の生活についての大きな無理解があることに気づき、それを指摘する。

ここで彼が注目しているのは、未開の人々が回りの自然世界に対してもつ独自の「知」(思考)のかたちであり、その特質を彼は「ブリコラージュ」と呼ぶ。

現代のわれわれは、自然世界を、自然科学の方法で秩序立てて整理している。それは、単位、仮説、実験の反復、理論の修正といった手段で、合理的に整理された自然の全体図を描きあげる。未開の人々は、そのような専門化された思考の体系をもたない。だが彼らもまた、ある独自の仕方で世界の像を作りあげている。それはふつう神話的思考と呼ばれているが、いわばありあわせの材料から何か有用なものを作りあげる器用人《ブリコルール》の仕事に似ている。正確な推論、整理された用語法、構造化などではなく、比べること、類似を見出すこと、なぞらえること、つながりを見出すこと……。そういった仕方で、彼らは、自分たちの世界についてのユニークな「絵」を描きあげるのだ。

このような未開の人々の神話的思考法を、無知で蒙昧《もうまい》な思考法と見なす考えは大きな誤りである。われわれはこの思考法のうちに、知的に劣った思考法ではなく、合理化された科学的思考とは異なった別種の思考法、世界のうちにたえず豊かな意味を見出すような独自の思考法をみることができる。そうレヴィ＝ストロースは主張している。

【冷たい社会と熱い社会】 レヴィ＝ストロースは、いわゆる文明社会と未開社会を区別するのに、「冷たい社会」と「熱い社会」という言葉を提案した。近代人は、世界の時間の流れを、進歩や発展という考えと切り離して考えることができない。そして未開の社会を考察するときも、暗黙のうちにそのような観念を前提として、それを、時間の停滞した進歩のない社会、という観念で捉えようとする。しかし、未開社会に生きる人間にとっては、四季や人間の一生や大きな祭儀、儀式などが、たえず同じ安定的な仕方で反復されてゆくことは、むしろ守るべき価値のあることだったのだ。

レヴィ＝ストロースのこのような考察は、きわめて説得的な仕方で、われわれが自明視している近代的で進歩的な世界観や人間観を相対化する。二〇世紀に人類は、二つの悲惨な世界大戦を経験したが、戦後、ヨーロッパの知性は、その原因となった西洋近代の原理に対して大きな反省を向けた。未開社会の人々の智恵と思考に独自の豊かさを見出そうとするレヴィ＝ストロースの仕事は、ヨーロッパの知性によるヨーロッパ自身に対する反省を、最もすぐれた形で代表するものといえよう。

［未来への架け橋］未開の人々は惨めなのか

「構造主義」とは何か。あえてひとことでいえば、それまで見えなかった何らかの「構造」を取り出して見えるようにする方法である。

例えば、フロイトの深層心理学は、「心」という見ることも触ることもできなかったものの「構造」について、一つの鮮やかな仮説をおいた。レヴィ＝ストロースも同じで、彼は、多様なデータの背後に隠れていた、誰も気づかなかった社会のある「構造」（女性の交換という構造）をとらえてみせた。ただ、構造主義には、その「構造」がほんとうに確証できるかどうかという点で、大きな弱点もあった。

しかし、レヴィ＝ストロースで特筆されるべきなのは、そこに著者の熱いメッセージがこめられており、多くの人人がそれをはっきり受け取ったということだ。彼の人類学は、現代人の無意識的な進歩主義に一つの反問をおいた。未開の部族の人間の生は、ほんとうに、蒙昧《もうまい》で貧しく、不安にみちた惨めなものだろうか、と。いったい、人間の生の豊かさの条件とはなんだろうか、と。この反問が、構造主義という方法を超えて、人間の生の本質というものについて、人々の深い想像力をかき立てる力をもっていたのだ。

◉哲学の問い……考えるヒント　ルソーは『学問芸術論』で、文明社会は人間を堕落させると論じたが、マイナス面だけでなく、よい点と悪い点の両方を考えてみよう。人間社会の文明化に必然性があったかどうかについても議論してみよう。

●読書案内　『はじめての構造主義』橋爪大三郎《はしづめだいさぶろう》（講談社現代新書）

一望監視施設《パノプティコン》

もっとも効率的に管理するには

フーコー『監獄の誕生――監視と処罰――』

近代になると、自由や権利がさかんに語られるようになる。しかし近代には、人々を巧妙に管理・調教する技術が発達してきたのかもしれない。とくに監獄や軍隊や学校において。

ベンサムの考えついた〈一望監視施設《パノプティコン》（中略）〉の原理はよく知られるとおりであって、周囲には円環状の建物、中心に塔を配して、塔には円周状にそれを取り巻く建物の内側に面して大きい窓がいくつもつけられる（塔から内庭ごしに、周囲の建物のなかを監視するわけである）。周囲の建物は独房に区分けされ、そのひとつひとつが建物の奥行をそっくり占める。独房には窓が二つ、塔の窓に対応する位置に、内側へむかって一つあり、外側に面するもう一つの窓から光が独房を貫くようにさしこむ。それゆえ、中央の塔のなかに監視人を一名配置して、各独房内には狂人なり病者

◆解読

哲学者ジェレミー・ベンサムが設計した〈一望監視施設（パノプティコン）〉の原理はよく知られているが、それは次のようなものである。中心に監視塔があり、それを円周状に取り巻くようにして監獄の建物が作られている。建物は独房に区分けされ、それぞれの独房には二つの窓がある。その一つは内側の塔に向かっており、もう一つは外側に向かっていて光が差し込むようになっている。そして、中央の塔のなかには監視人が一名配置され、各独房のなかには、「狂人」なり病者なり受刑者なり労働者なり生徒なりがひとりずつ閉じ込められる。すると塔からは、独房内に捕らえられている人間の小さな姿が逆光で把握できることになる。独房の檻《おり》の数と同じだけ、小さな舞台があるようなものであって、そこではそれぞれの役者（閉じ込められている者）はただ一人で完全に個別化され、しかもたえず塔の監視人から見られている。

その結果として、まず第一に、かつての監獄のように多数の人々が密集して騒がしかった状態は回避されることになる。今や各人は独房に

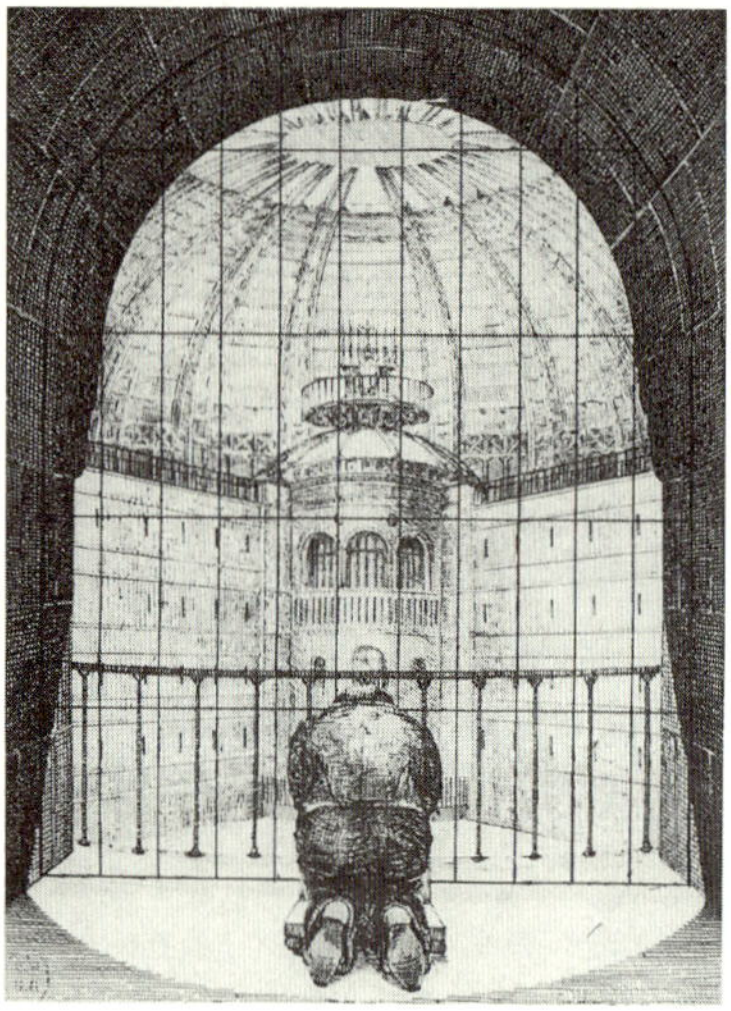

N・アルー＝ロマン『懲治監獄の計画』(1840)

なり受刑者なり労働者なり生徒なりをひとりずつ閉じ込めるだけで充分である。周囲の建物の独房内に捕らえられている人間の小さい影が、はっきり光のなかに浮かびあがる姿を、逆光線の効果で塔から把握できるからである。独房の檻《おり》の数と同じだけ、小さい舞台があると言いうるわけで、そこではそれぞれの役者はただひとりであり、完全に個人化され、たえず可視的である。一望監視のこの仕掛けは、中断なく相手を見ることができ即座に判別しうる、そうした空間上の単位を計画配置している。(中略)

その結果としてまず第一に——消極的な効果としてだが——(中略)あの多数の人々が密集し、うごめき、騒がしかった状態は回避できる。今や各人は、然るべき場所におかれ、独房内に閉じ閉じ込められ、しかもそこでは監視者に正面から見られているが、同輩と接触することはできない。(監視者に)見られてはいても、(監視者の姿は)こちらには見えないのであり、(監視者が)情報を得るための客体にはなっても、自ら情報伝達を行う主体には決してなれないのだ。こうして、看守の観点に立てば、かつての群衆にかわって、計算調査が可能で取り締まりやすくなった集団が現れたことになり、閉じ込められる者の観点に立てば、隔離されて一方的に見つめられるだけの孤立性が現れたことになる。

この点から生じるのが、〈一望監視装置〉の第二の主要な効果である。つまりそれは、「常に見られている」という自覚を閉じ込める者に植えつけ、そうすることで権力が自動的に作用するようにする、ということである。言いかえれば、監視が中断されたとしても監視の効果が続くようにし、また(監視したり処罰したりするという)権力をわざわざ行使しなくても行使したのと同じようになるようにし、また、権力の行使者がいなくても建物じたいが権力関係を創出・維持できるような自動的な機械仕掛けになるようにする。要するに、閉じ込められる者が込められ、しかもそこでは監視者に正面から見られているが、独房の側面の壁のせいで同輩と接触をもつわけにはいかない。見られてはいても、こちらには見えないのであり、ある情報のための客体ではあっても、ある情報伝達をおこなう主体にはけっしてなれないのだ。(中略)看守の観点に立てば、そうした群衆にかわって、計算調査が可能で取締りやすい多様性が現われ、閉じ込められる者の観点に立てば、隔離され見つめられる孤立性が現われるのだ。

その点から生じるのが〈一望監視装置《パノプティック》〉の主要な効果である。つまり、権力の自動的な作用を確保する可視性への永続的な自覚状態を、閉じ込められる者にうえつけること。監視が、よしんばその働きに中断があれ効果の面では永続的であるように、また、権力が完璧になったためその行使の現実性が無用になる傾向が生じるように、さらにまた、この建築装置が、権力の行使者とは独立した或る権力関係を創出し維持する機械仕掛けになるように、要するに、閉じ込められる者が自らがその維持者たる或《あ》る権力的状況のなかに組み込まれるように、そういう措置をとろう、というのである。(中略)そのためにベンサムが立てた原理は、その権自ら進んで権力的状況に組み込まれるようにする、ということが、この〈一望監視施設〉の主要な効果なのである。

そのためにベンサムが立てた原理は「その権力は可視的で、しかも確証されえないものでなければならない」というものだった。可視的とは、閉じ込められている者が、中央の塔の監視者の大きい影を絶えず目にする、ということである。確証されえない、とは、「ほんとうに自分が監視されているかどうかは決して分からないが、監視されている可能性はつねにある」と被拘留者が思っているのでなくてはならない、ということである。

これは重要な装置だ。なぜならそれは権力を自動的なものにし、権力を没個人化するからである。なぜなら、その権力の本源は或《あ》る人格のなかには存在しないからだ。その権力の本源は、身体・表面・光・視線などの慎重な配置、つまり仕掛けのなかに存在しているのである。

したがって、受刑者に善行を、「狂人」に穏やかさを、労働者に仕事を、生徒に熱心さを、病人に処方の厳守を強制しようとして暴力的手段にうったえる必要はなくなる。ベンサムは自力は可視的でしかも確証されえないものでなければならない、というのであった。可視的とは、被拘留者が自分がそこから見張られる中央部の塔の〔監視者の〕大きい人影をたえず目にする、との意である。確証されえないとは、被拘留者は自分が現実に凝視されているかどうかをけっして知ってはならないが、しかし、自分がつねに凝視される見込みであることを確実に承知しているべきだ、との意である。（中略）

これは重要な装置だ、なぜならそれは権力を自動的なものにし、権力を没個人化するからである。その権力の本源は、或る人格のなかには存せず、身体・表面・光・視線などの慎重な配置のなかに、そして個々人が掌握される関係をその内的機構が生み出すそうした仕掛けのなかに存している。（中略）したがって、受刑者に善行を、狂人に穏やかさを、労働者に仕事を、生徒に熱心さを、病人に処方の厳守を強制しようとして暴力的手段にうったえる必要はない。ベンサムが驚嘆していたが、一望監視の施設はごく軽やかであってよく、鉄格子も鎖も重い錠前ももはや不要であり、〔独房の〕区分が明瞭で、戸口や窓がきちんと配置されるだけで充分である。（中略）可視性の領域を押しつけられ、その事態を承

知する者（つまり被拘留者）は、みずから権力による強制に責任をもち、自発的にその強制を自分自身へ働かせる。しかも自分がその中で同時に二役を演じる権力的関係を自分に組込んで、自分がみずからの服従強制の本源になる。それゆえ、外側にある権力のほうも、その物理的な重さを軽くでき、被抑留者の身体に直接に関与しないことを目標にする。つまり、この一望監視装置によって、権力は、被拘留者とのあらゆる物理的・身体的な直接対決を避けて、永続的な勝利をつねに前もって仕組むことができるのである。

らも驚いていたが、一望監視の施設はごく軽いものでよい。鉄格子も鎖も重い錠前も必要なく、独房がきちんと分けられ、戸口や窓がきちんと配置されるだけで充分である。可視性の領域を押しつけられ（＝つねに見られているという状態にあり）、そのことをよく知っている被拘留者は、権力から強制されていることを自分の責任で行うようになり、自発的にその強制を自分自身へ働かせるようになる（＝自分で自分を監視するようになる）。自分が同時に「監視する者」と「監視される者」という二役を演じるようになり、自分自身が服従強制の本源となるのである。それゆえ、被拘留者の外側にある権力のほうも、施設や装置の重々しさを軽くでき、被抑留者の身体に直接に関与しないことを目標にする。つまり、この一望監視装置によって、権力は、被拘留者とのあらゆる物理的・身体的な直接対決を避けて、永続的な勝利をつねに前もって仕組むことができるのである。

知する者（つまり被拘留者）は、みずから権力による強制に責任をもち、自発的にその強制を自分自身へ働かせる。しかもそこでは自分が同時に二役を演じる権力的関係を自分に組み込んで、自分がみずからの服従強制の本源になる。それゆえ、外側にある権力のほうでさえも自分の物理的な重さ（施設や装置の重々しさ）を軽くでき、身体不関与を目標にする。（中略）つまり、あらゆる物理的（身体的、でもある）な対決を避け、つねに前もって仕組まれる、永続的な勝利。

出典：一九七五年公刊。本文は『監獄の誕生――監視と処罰――』新潮社（田《た》村《むら》俶《はじめ》訳）によった。

なお、〔 〕内は翻訳者による補足である。

◉哲学の問い…………　フーコーは『監獄の誕生』のなかで、人々を調教し管理する技術の例として、一望監視施設とともに「テスト」をとりあげている。テストと一望監視施設の共通面を具体的に指摘してみよう。また、テストというものの働きを、その息苦しさと必要性との両面から、あらためて検討してみよう。

フーコーについて　一九二六―一九八四

［人と時代］近代西欧思想の徹底批判者

ミシェル・フーコーは一九二六年、二つの世界大戦間の激動の西欧、フランスに生まれた。父は外科医であり、たいへん厳格な人であったという。一九四三年、大学入学資格試験に合格した彼は、文学の道を志し、医学部進学を勧める父親と対立する。

一九四六年、高等師範学校に入学したフーコーは、父親との対立、エリートであることの息苦しさ、そして、自身の同性愛的傾向に悩み、たびたび暴力事件や自殺未遂事件を起こしている。自意識が強く、生きることに苦悩した彼は、幼い頃から親しんだ書物にその救いの糸口を見出《みいだ》そうとした。フーコーが突き止めようとしたもの、それは葛藤や苦悩の源となる「自己」とは何かという問いであった。才能にあふれ、博学であった彼は一生涯をかけてその問いを探求しつづける。

一九四八年、ヘーゲル論で哲学博士号を取得し、翌年には心理学の学士号を取得。さらに、精神病理学の免状を取得し、病院で研修に入る。しかし、ここで見えてきたのは近代科学そのものへの疑問だった。

病院を辞め、大学の教員となったフーコーは、一九六一年『狂気の歴史』を著す。「狂気」が精神病であるとみなされるようになったのは近代以降であることを歴史的に考察し、社会の中で作り上げられる「病」であると説いた。その後彼は、精力的に著作を発表していく。一九六六年の主著『言葉と物』では、各時代の社会において、人々が知らず知らずのうちに作り出す知の枠組みがあることを歴史的に考察し、マルクス主義をはじめとする近代西欧思想という枠組みも、やがては歴史の中で変化し、相対化されるであろうと指摘した。一九七五年の『監獄の誕生』では、監獄・軍隊・工場・病院・学校などは、近代以降の社会の中で自ずと人間の自由を縛る「装置」となっていると指摘し、すべての権威や権力を否定し、相対化することを説いた。こうしたフーコーの思想は「近代（＝モダン）」に対して「ポスト・モダン」と呼ばれる。

東西冷戦の中、近代西欧思想では信念対立を克服できないのではないか、また先進国ではいっそう管理・合理化が進み、個人の自由は見えない力によって圧迫されていくのではないか――このような実感を持つ多くの人々によって、彼の主張は圧倒的な支持を集めたのである。

一九八四年、『性の歴史』刊行中にフーコーはエイズに倒れ、その波瀾《はらん》に満ちた生涯に幕を閉じた。

［思想］近代の知と自由を疑う

近代哲学の父デカルト、ヒューム、カント、さらにフッサールに至る近代哲学の主流は「意識主観」の哲学であった。あらゆる認識が生じる現場である意識に座を据えて、認識の成立根拠を解明しようとするこのような哲学は、超越論的哲学と呼ばれてきた。

しかし一九世紀の末から二〇世紀にかけて、この意識の哲学（超越論的哲学）に対する批判がさまざまになされるようになる。意識は、経済（マルクス）や無意識（フロイト）や言語（ソシュール）によって深く規定されているのだから、意識だけを参照するのは不十分だ、という考え方が出てくるのである。

そのような意識哲学への批判にフーコーも同調し、ヨーロッパの諸学問の歴史を詳細に分析することによって、この批判を行ったのが『言葉と物』である。それによれば、ルネサンス以降の諸学問は一直線に進歩してきたのではなく、三つの時代区分に従ってきわめて異なった思考のあり方（〈エピステーメー〉と呼ばれる）によって深く規定されているのである。

まず、「ルネサンス」のエピステーメーにおいては、あらゆるものは類似によって結びつき、ある物はまた別の物を象徴している、とされる。例えばトリカブトの種は眼に似ているので、そこから採れた薬は眼病に効く、というように。このように物事どうしの類似性を解読し、隠されたつながりを発見することが、知の任務とされた。

次の「古典主義時代」（近代直前の時期で、一七世紀半ばのデカルトから一九世紀末のフランス革命までくらいをさす）のエピステーメーは、世界の物事を、それらの同じ面とちがう面に着目してきちんと分類し、秩序づけて〈表〉（タブロー）にしようとする（例えば博物学をイメージせよ）。そうすることで、現実を明確な仕方で知のなかに再現するのが、この時期の知の任務となる。

第三の「近代」のエピステーメーでは、表を作成する際のまなざしが意識されてくる。まなざしがなければ認識などありえない、ということが自覚されてくると、あらゆる認識が行われる場（意識主観）としての〈人間〉がクローズアップされ、どんな主観も備えている認識の基本構造を取り出そうとする超越論的哲学が生まれる。しかしまた、〈人間〉は言語学や経済学や生物学のような実証的な諸科学によって研究される「対象」でもある。

こうして近代の知は、意識主観と対象という〈人間〉の二側面を右往左往することになる。意識主観はあらゆる認識が行われる場であるはずだが、それも文化や社会に属している以上、その認識は文化や社会に規定されていることになる。しかし、文化や社会を実証的に研究する学問も、その研究を導いている認識の仕方を考慮するならば、やはり意識主観のあり方へと立ち戻らざるを得なくなるからだ。

このような右往左往を抜け出る、新たなエピステーメーの予兆として、フーコーは当時の新しい学問であったレヴィ＝ストロースの文化人類学やソシュールの言語学を挙げるが、しかしそれがどのような点で新たな知となりうるのかは、明確には語られていない。

『言葉と物』は、近代知の終焉《しゅうえん》と新たな知の始まりを予言した点で斬新であり、思想書としては異例の売れ行きを示したが、これは近代知に対する真に根底的な批判になってはいないと私自身（西）は考えている。超越論的哲学と実証的な学問のそれぞれの存在理由と役割分担が明確になれば、この批判は当たらなくなるからである。

さて、フーコーのもう一つの大きな仕事は、〈生‐権力〉論である。近代は自由や権利が盛んに語られた時代だったが、じつは同時に、個々人を巧妙に調教し管理する技術を発展させていったのだ、というフーコーの主張は、大きな反響を呼んだ。

近代以前の権力は、法に違反した者をしばしば残虐に処刑し、見せしめとした。しかし人々に積極的に働きかけて訓練したりはしなかった。ところが近代の権力は人々を放っておかない。監獄、軍隊、工場、学校などでは、一人ひとりは監視され、正常な〈規格〉（ノルム）に合ったふるまいを求められ、規格からの逸脱に対しては細かく制裁されるようになる。このように近代になると、規格化されたふるまいをするように個々人を調教し管理する〈規律＝訓練〉（ディッシプリン）の技術が高度に発展し、さらに人口全体を管理統制する技術を近代国家は発達させていく。個個人の生と人口全体の生に介入し操作しようとする点で、近代の権力を〈生‐権力〉とフーコーは名づけている。

この権力論は、労働者が政権を奪取するだけでは決して自由な社会は到来しない（＝学校や工場は基本的には変わらないだろう）というマルクス主義への批判を含んでいた。さらに、社会からさまざまな仕方で管理されるという息苦しさや、受験競争の息苦しさの実感にもフィットするものだったから、日本でも一九八〇～九〇年代には、マルクス主義に代わる新たな社会批判として流行した。

［本文解説］監視の目差しを内面化させる装置

〈規律＝訓練〉の具体的なあり方として、『監獄の誕生』でフーコーがとりあげて有名になったものが、一望監視施設《パノプティコン》である。発案者は哲学者のベンサム（一七四八－一八三二年）であり、犯罪者を単に処罰するのでなく、きちんと働ける人間へと更生させるための施設として設計したと言われる。

そこでは囚人は別々の部屋に入れられて完全に個別化され、中央の監視塔から見られるが、囚人の側からは監視塔の中は見えないように設計されている。「いつも見られている」と思う囚人は、自分のふるまいを自ら統制するようになる。こうして、監視の労力は極小ですみ（極端にいえば、塔のなかには誰もいなくてもよい）、かつ、監視のまなざしを各囚人のなかに内在させることが可能になるのである。

［未来への架け橋］福祉やケアは調教か？

フーコーの〈生－権力〉論は、現代社会における「福祉」や、介護・看護・医療などの「ケア」と呼ばれる領域へも、疑問を投げかける。福祉やケアは人々を飼い慣らそうとする、調教的なものになっていないか？ と。

この問いは重要だが、しかしフーコーの見方を硬直的にあてはめると、「福祉やケアはそもそも権力的で悪なのだ」と決めつけてしまいかねない。そうするのではなく、私たちはあらためてどういう福祉やケアは「よく」、どうなると「よくない」のかをきちんと考えながら、それを社会的な合意へと作り上げていく必要がある。

ちなみに、フーコーの思想のなかには、社会正義（法や権力の良し悪し）の基準を合意として作り上げる、という発想がない。社会正義の基準という点では、あらためてルソーに遡り、その〈一般意志〉の思想を参照する必要があるだろう。

◉哲学の問い……考えるヒント テストは、①人々を個別化して一人ひとりを監視しつつ評価する（グループで学び合い、友達から「いい意見だね」と評価されるのではない）、②監視のまなざしを各人に内在化させる（試験前になると「勉強せねば」と焦る）という点で、パノプティコンと似ている。そこに息苦しさも出てくるが、しかし単語力のような、身につける必要のあるものを客観的に評価する際にはテストは役立つ。さらに深く考えてみてほしい。

●読書案内 ガリー・ガッティング『フーコー（〈一冊でわかる〉シリーズ）』井原健一郎《いはらけんいちろう》訳（岩波書店）

現前の形而上学・音声中心主義

言語以前にイイタイコトはあるか

デリダ［根源の彼方に――グラマトロジーについて］

私たちはふつう、「言葉以前にまずイイタイコトがあり、それが言葉でもって表現される」と考えている。だが、はたしてそうなのだろうか？　ひょっとすると、言葉なしにはイイタイコトなど存在しないのかもしれない。

西欧的伝統がかつてはそれに依拠して自身を組織化せざるを得ず、また今日なおその中で生きざるを得ないところの確固たる明証性は、〈意味されるもの〉の秩序はけっして〈意味するもの〉の秩序と同時的ではなく、せいぜいそれの裏側、あるいは巧妙にずらされたその並行物――息の時間――だということである。（中略）〈意味されるもの〉の形式的本質は**現前性**（présence《プレザンス》）であり、**声**（フォーネー）としてのロゴスへの近接性というその特権は、現前性の特権である。これは、われわれが「記号とは何か」と自問する時に、つまりわれわれが記号を本質の問いに、「何で

◆解読

西欧的伝統（＝西欧の物の見方）は、以下のことを確固たる明証的なこととみなし、この信念に依拠して形作られてきた。すなわち、〈意味されるもの〉（＝シニフィエ、意味内容、イイタイコト）の秩序は、決して〈意味するもの〉（＝シニフィアン、記号の連なり）の秩序と同時発生的なものではない、と信じられてきたのである。つまり、〈意味されるもの・イイタイコト〉の秩序は、〈意味するもの・記号の連なり〉の秩序の裏側（背後）にあって、〈意味するもの・記号の連なり〉と並行しているが巧妙にずらされたものであり（＝イイタイコトは、記号の連なりと同時並行的に存在するように見えるが、じつはそれとは本質的に異なったものであり）、一言で言うならば、「息の時間」（＝息づかい・肉声）としてあるものだと信じられてきた。

〈意味されるもの・イイタイコト〉の（内容ではなく）形式的なあり方の本質は、それが「現前」している（＝いまここに現れている）という点にある。つまり、〈意味されるもの・イイタイコト〉は「声」という仕方でいまここに現前し、現前していることによって直接に聴き取ら

> あるか（ティ・エスティ）」に従わせる場合に、不可避的な解答である。記号の「形式的本質」は、現前性から出発してはじめて規定することができる。（中略）
>
> この場合、**解釈**、**展望**、**評価**、**差異**といった諸概念や、「経験論的」あるいは非哲学的なあらゆるモティフ（中略）を徹底化することによって、ニーチェは、形而上学**の中にたんに**とどまり続ける（ヘーゲルと共に、またハイデッガーもそうしたいらしいように）どころか、〈意味するもの〉をロゴスにたいする、また真理、最初の〈意味されるもの〉——どのように解されてもよい——と密接に関連している概念にたいする、依存、派生の関係から解放することに大いに力を尽くしたように思われる。（中略）

れるものなのだ。西欧的伝統においては、声こそが根源的な〈意味されるもの・イイタイコト〉であってロゴス（真理）に最も近い、という特権をもつものとされてきたのである。

以上は、われわれが「記号とは何か」と自問するときには、つまりわれわれが記号に対して、「～とは何か」という（ソクラテス、プラトン以来の）本質を問う「問い」を向けるならば、必ずそう答えることになってしまう点で、不可避な解答でもある（＝ソシュールは、記号を〈意味するもの〉／〈意味されるもの〉の二分法で捉えたが、それも結局、根源的な〈意味されるもの〉の観念を生み出してしまうことになる）。

ところで、ニーチェは、解釈・展望（パースペクティヴ）・評価・差異といった諸概念を用いたり、非哲学的なあらゆるモティーフを強調したりすることで、ヘーゲルやハイデガーと異なって、この西欧の形而上学的な思考を抜け出ようとした。つまり、「最初にロゴスや真理といった根源的な最初の〈意味されるもの・イイタイコト〉がまずあって、〈意味するもの・記号の連なり〉はそれに依存している」という形而上学的な考え方を壊そうとしたように思われる。

〈意味されるもの〉と〈意味するもの〉との差異が何らかの意味で絶対的かつ還元不可能であるためには、一つの超越的な〈意味されるもの〉が存在しなければならない。この超越的な〈意味されるもの〉の思惟《しい》としての存在の思惟が、とりわけ声において、つまり語の言語《ラング》において現れるのも偶然ではない。声は自己の最も近くで、〈意味するもの〉の絶対的消失として、**みずからを聞く**（これは疑いもなく意識と呼ばれているものだ）。

この純粋な自己触発（auto-affection《オート・アフェクション》）は、必然的に時間の形態をもち、自己の外、世界あるいは現実の中では、いかなる付帯的な〈意味するもの〉をも、また自己の固有の自発性と無関係ないかなる表現質料をも、借り受けない。これは、自身の内部で、にもかかわらず意味される概念としては観念性あるいは普遍性の境位において、生みだされる〈意味されるもの〉の独特な経験である。この表現質料の非＝世界的性格は、この観念性を構成する。

声における〈意味するもの〉の消失というこの経験は、たんなる一つの錯覚ではないのであって（なぜなら、これは真理の観念そのものの条件であるから）、われわれは他の所で、この経験がいかなる点において罠《わな》にかけられているかを示すであろう。この罠は

〈意味されるもの〉と〈意味するもの〉との差異が絶対的なものである（＝意味されるもの・イイタイコトは決して記号の連なりに還元されえない）とするならば、一つの（記号以前に存在する）超越的で絶対的な〈意味されるもの・イイタイコト〉が存在しなければならない。（ハイデガーのいう）「存在の思考」とは、この超越的な〈意味されるもの・イイタイコト〉の思考のことだが、これがとりわけ「声」において現れるのは偶然ではない（ハイデガーはしばしば「存在の声」という言い方をする）。なぜなら、声とは、自己の最も近くで、つまり〈意味するもの〉の瞬時の消失のなかで、〝自らを聞く〟ことだからだ（＝声を発したとたん、この記号（声）はすぐさま消失してしまうので、あたかも記号など存在せず、純粋な〈意味されるもの・イイタイコト〉を自分で言い表し自分で聴き取っているように思えてしまう）。この〝自らを聞く〟ことが意識と呼ばれている。

この（自分で声を発し自分でそれを聴き取るという）純粋な自己触発は、必ず時間という形態をもち（＝時間的な継起として現れ）、自己の外の世界や現実における〈意味するもの〉、言い

真理の歴史であり、そうはやばやと一掃されるものではない。この経験の閉域の中では、語は〈意味されるもの〉と声との、また概念と透明な表現質料との、基本的で分解不可能な統一として生きられるのである。

出典：一九六七年公刊。本文は『根源の彼方に――グラマトロジーについて 上』現代思潮社（足立《あだち》和浩《かずひろ》訳）によった。

◉哲学の問い…………　①「イイタイコト」は書くこと以前に、あらかじめあるのだろうか。それとも、書きながら出てくるのだろうか。②この「イイタイコト」は、そもそも言語によらないもの（言語以前的なもの）といえるだろうか。この二つの問いについて、自分が実際に文章を書くときのことを思い出しながら、考えてみよう。

かえれば、自分の固有な純粋な自発性とは無関係な、表現の質料（＝表現するための材料となる、文字やインクの染みなど）を借りる必要がないのである。

声における〈意味するもの〉の消失というこの経験は、たんなる一つの錯覚ではないのであって（なぜなら、これは真理という観念そのものを成り立たせる条件だから）、われわれは（この本の）他の箇所で、この経験がいかなる点において自己を欺いてきたか（＝声において〈純粋な意味されるもの・イイタイコト〉がある、と思い込んできたか）を示すだろう。しかしこの錯覚は、形而上学的な真理の歴史という形をとってきた根深いものであり、そう簡単に一掃されるようなものではない。この自己欺瞞《ぎまん》的経験のもつ閉ざされた領域のなかでは、語は、〈意味されるもの＝概念〉と〈声＝透明な（概念を純粋に表すだけで物質性をもたない）質料〉との、分解不可能な統一として生きられるのである。

デリダについて　一九三〇－二〇〇四

［人と時代］「脱構築」から「正義」の哲学者へ

デリダは一九三〇年フランス領アルジェリアのユダヤ人家庭に生まれた。当時この地域のユダヤ人は、アラブ系アルジェリア人とフランス人植民者の狭間にあって不安定なアイデンティティを抱えていたが、ユダヤ教を学んだこともなかったデリダは、ユダヤ人としての歴史からも切断されていた。一九四〇年、フランス人がナチス・ドイツに降伏後成立したヴィシー政権は、ユダヤ人への迫害政策を遂行してユダヤ人の市民権を剝奪し、その結果デリダは四二年に高等中学校を追われることになる。後にこのことがアイデンティティ・トラブルを引き起こしたと述べている。また心身の健康を害しながら三回の受験の後に、ようやく高等師範学校《エコール・ノルマル》に合格するなど、精神の危機を経験している。こうした体験が隔たりを重視するその思想に影響を与えたのかもしれない。

六七年に刊行した『エクリチュールと差異』および、『グラマトロジーについて』のフッサール批判と、『声と現象』のソシュール批判で、デリダは現象学と構造主義という当時の二大潮流を乗り越えようとする「形而上学の脱構築」の哲学者として知られるようになる。脱構築による形而上学批判はアメリカで「脱構築学派」を生み、その影響は文芸批評や文学研究まで広く及んだ。日本でも「差異の戯れ」などデリダの用語が現代思想のシーンを席捲《せっけん》する。

八〇年代以降のデリダは政治的な問題に積極的に発言するようになり、イラク戦争後にもヨーロッパが果たす役割をハーバーマスと共同声明している。この時期の最も重要な著作は八九年の講演『法の力』である。ここでデリダは「正義」の脱構築不可能性を提示し、他者に応答し続けることを求めるが、こうした姿勢は迫害や暴力にさらされる人々への積極的な関与として実践される。アカデミズムの圏域から、行動する知識人へと変貌した代表的存在である。

［思想］真理を解体せよ！

一九世紀の末にニーチェは、「唯一絶対の真理」は物事の生成と転変からくる苦悩に耐えられない〝弱さ〟から捏《ねつ》造《ぞう》されたものだ、と言った。このニーチェの真理批判は、一九六〇年代以降に活躍したフランスのポスト・モダンと呼ばれる哲学者たち――フーコー、ドゥルーズ、デリダ、リオタールらによって取り上げられ、継承されていく。

彼らに共通していたのは、真理や正義を名乗る者どうしの対立を乗り越えたい、という思いであった。第二次大戦後、自由主義圏と共産主義圏の双方が「自分たちこそ真理であり正義である」と主張していた。自由主義圏のフランスや日本でも、国家と資本主義を批判する左翼思想（マルクス主義）がかなりの勢いをもっていたが、その左翼もいくつかの党派に分かれて「自分たちこそが真理」と主張して争い合っていた。〈哲学はこれまで真理を求めてきたが、その「唯一の真理」なるものは、多様性を排斥する抑圧的なものだったのではないか〉――このような思いが、真理批判の動機となったのである。

　また、真理批判の背景には、ヨーロッパ人の自信喪失と自己批判もあった。西欧近代は「哲学と科学によって、人類は真理と正義をめざして進歩していく」という〈大きな歴史の物語〉（リオタール）を信じ、科学と技術によって貧困や病を克服し、公正な社会を創るという理想をめざしてきた。しかし二度の世界大戦は国民全員を巻き込む総力戦となり、科学技術は大量殺戮《さつりく》を生み出してしまった。さらに、「自分たちは真理と正義において最も進歩しているから、それを他の地域に広めるべきだ」と考えつつ植民地を獲得してきたその傲慢さ（ヨーロッパ中心主義）に対する自己批判も、生まれてきていた。

　ではデリダはどのようにして真理批判を行っていったか。彼は最初フッサール現象学を研究していたが、しだいに現象学を〈形而上学〉――唯一の真理を求めようとする思考の動きをこう呼ぶ――の最新の形態であるとみなすようになっていく。

　フッサール現象学は、自分の意識体験を反省することで、例えば、どのようにして事物の確信が成り立っているか、についての基本構造を見て取ろうとする。すると「湯飲みの前面しか見えていないのに、裏の形や色もある範囲内で予想してしまっている」というようなことが分かる。このような「確信成立の条件」（フッサールの項を参照）を明らかにするためには、直観的に与えられている自分の意識体験を反省することが必要であるから、フッサールは「正しい認識の源泉は直観にある」と述べた。

　しかしデリダはいう。――フッサールでは、まず「純粋な直観」があり、それを言葉でもって二次的に表現する、という構図になっている。しかし純粋な直観などというものはない。その直観にはすでに言葉や過去が入り込んで〝汚染されている〟のだから、と（『声と現象』）。言葉以前に存在する「直観的な真理」を認める考え方は、「いまここに現前しているもの（présence）こそが真理だ」といいかえられる。だからデリダはこれを〈現前の形而上学〉と呼び、哲学を古くから規定してきたものだと主張した。

さらにデリダは、プラトンやヘーゲルのテキストを緻密に読解しながら、そこに真理を打ち立てようとする動きを示すだけでなく、反対にその真理が〝汚染〟されていることを著者が自ら暴いてしまっていることをも、示していく。「真理を打ち立てようとしながら、それを自ら裏切っていること」を示すこの読解は、〈脱構築〉（déconstruction）と呼ばれて流行した。

［本文解説］肉声にこそ真実がある？

ソシュールは語を、〈意味するもの〉（シニフィアン、音やインクの染みという物質的な面）と〈意味されるもの〉（シニフィエ、意味内容という概念的な面）の二つの側面から成り立つものとみなした。この概念を用いるならば、〈形而上学〉とは「シニフィアン（音や染み）以前に、根源的なシニフィエ（意味内容）がある」と信じること、となる。

では、この信念はそもそもどこから生まれてくるのか？――「声の経験」からである、とデリダはいう。例えば青い空をみて「青いなあ！」と思わず声を発するとき、声はその場で消えていく。そこではあたかも、シニフィアンなきシニフィエ（記号なき純粋な想い）が立ち現れたように感じられる。ないしは、シニフィアン＝シニフィエ（声がそのまま想いである）と感じられるだろう。

飾り物のない、その人の真心から出てきた言葉のことを、私たち日本人は「肉声」といい、この肉声は文章化することで歪《ゆが》められる、と考えたりする。そのとき私たちは、書き物としての文章以前にある「本来のイイタイコト＝純粋なシニフィエ」を想定しているのである。このような、声と想いとが一体化した「肉声」を想定する思考を、〈音声中心主義〉とデリダは名づける。〈現前の形而上学〉（いまここに直観的に現前しているものが真理）は、〈音声中心主義〉（声において意味内容はそのまま現前している）によって支えられてきた、というのがデリダの結論である。

なぜこんなことを批判するのか？　といぶかしく思う人がいるかもしれない。例えば現在の権力や文化を批判する際、私たちはつい、何ものからも汚染されていない「本来的な純粋なもの」（例えば「純粋な大和心」）を想定し、それが汚れてしまったことを嘆く。しかしそうした思考は、そこからはずれた（と見なされる）者たちを容赦なく非難し抑圧する。だからデリダは「そんな本来的なものなどどこにもない」と強調するのである。

［未来への架け橋］差異は○、同一性は×？

「真理は、多様性（さまざまな人のさまざまな思い）を抑圧しその上に成り立つ」というのがデリダの思想であり、そしてその抑圧を暴きたてることが〈脱構築〉であった。この発想は、性的マイノリティ（ゲイや性同一性障害）の運動にも取り入れられ、ゲイ・パレードのように、多数派とは異なった生き方をデモンストレーションすることが行われた。「差異」は、日本でも一九八〇〜九〇年代には思想の流行語であった。

しかしゲイの存在を社会（多数者）が認めるということは、差異のみを認めるのではない。そうではなく、「彼らもまた自分たちと同じ一人の人間であり、恋をしたり差別に傷ついたりするのだ」と気づく、ということだ。だとすれば、社会運動は差異を主張するだけでなく、社会を構成する仲間としての〈相互承認〉（ヘーゲル）を生み出さねばならない。つまり、仲間という「同一性」にもとづいた新たな「合意」――メンバーの誰もが認めうる正義の再構築――へと向かわねばならないだろう。個々人の差異は、最終的にはメンバーどうしの相互承認のなかでのみ、尊重されうるのである。

二〇世紀後半の哲学は「反哲学」であった。真理や同一性や合意などの言葉は、すぐさま「多様性の抑圧」とみなされた。その考え方は、しかし、私たちがよりよき共生を作り上げるための原理的な思考の模索や共有を「禁じ手」にしてしまった面がある。

私たちは哲学の歴史を、一人ひとりが考え洞察することによって、人間と社会についての深い知恵を「合意」として作りだそうとする努力、として読むことができる。そのとき、真理を「絶対的な何か」ではなく、「誰もが洞察し納得しうるもの、だからこそ共有できるもの」という意味あいで受け取るならば、この真理という言葉は生き続けてよいはずである。

◉哲学の問い……考えるヒント ①については、どちらの場合もあると言えそうだ。書く前からイイタイコトがある場合もあるが、言葉を書きつけながらそれと自分の感触とを対話させて、次第にイイタイコトを明確にしていくこともある。②例えば空腹感そのものは言語以前的なものだろうが、「腹減った！」と言うときにはすでに他人や自分に対して働きかけている。そのときのイイタイコトはすでに言語的なものといってよいだろう（ウィトゲンシュタイン参照）。

●読書案内 『デリダ・脱構築（「現代思想の冒険者たち」select）』高橋哲哉《たかはしてつや》（講談社）

哲学・思想の流れ　7

ポスト構造主義

ドゥルーズ（一九二五－一九九五）　フーコー（一九二六－一九八四）
デリダ（一九三〇－二〇〇四）

ドゥルーズ、フーコー、デリダらに代表されるポスト構造主義は、一九六〇年代末のフランスに登場した。当時はマルクス主義と実存主義に代わり、構造主義が脚光を浴びていたが、ポスト構造主義はその問題点を指摘し、構造主義の後を担う新たな思想として注目されたのだ。

この思想の中心にあるのは徹底した真理の否定であり、マルクス主義、現象学、そして近代哲学のすべてが真理を前提にした思想として、厳しい批判の対象となっている。

ポスト構造主義による真理の批判には、大きく分けて二つある。

一つは、真理が存在しないことを論理的に証明しようとする批判。例えばデリダは『声と現象』（一九六七年）のなかで、現象学は、言語表現の根源には直観的な意味（＝真理）があるとしたが、そのような根源を想定すること自体が成り立たないと主張している。これは「脱構築」と呼ばれる考え方だ。

もう一つは、特定の価値観や制度を絶対に正しい（真理だ）と想定する考え方を否定し、徹底して相対化するタイプの批判。これはドゥルーズとガタリの共著『アンチ・オイディプス』（一九七二年）が典型的である。ドゥルーズ＝ガタリによれば、近代以前では、人間の欲望は特定の価値観とルールによって、社会に都合のいい形に方向づけられていた。近代以降の資本主義社会においても、家族の親子関係によって、やはり欲望は一定の形に方向づけられている。親の期待や要求、命令を介して、子どもは社会の価値観・ルールを取り込み、それに準じた行為の価値を信じるようになるからだ。

特定の価値観やルールを真理として絶対化すれば、個人の自由な考え方や行為が抑圧されてしまう。ナチズムによるホロコースト、共産主義社会における粛清や紛争の数々は、このことを端的に示している。だからこそ、真理の想定が危険視されるようになったのである。

だが、ポスト構造主義は相対主義に行き着き、価値観の対立がもたらす紛争を解決できなかった。また、深刻なニヒリズムを解消することができなかった。そのためこの思想は、二〇世紀の終わりとともに、退潮の兆しを見せはじめている。

哲学・思想書を読んでみよう

西研

たくさんの哲学者たちの文章を読んできた皆さんのなかには、「何か哲学書を一冊読んでみたいなあ、でも、難しい哲学書を読み通せるかなあ」と思っている人もいるだろう。そういう人たちのために、哲学書を読むためのコツと、比較的読みやすい本を紹介しよう。

まず第一のコツは、筆者の「問題意識」を考えながら読むこと、である。哲学者や思想家の文章には、いろんな難しい概念（言葉）が出てくることが多く、そこで挫折してしまうこともよくある。ではどうやってアプローチするか。――あたりまえのことだが、筆者も一人の人間である。あなた方と同じように、自分の生き方や社会のあり方について、何か困ったり不思議に思ったりしていたはずだ。このような素朴な悩みや疑問のことを「問題意識」と呼ぶならば、何かの問題意識に促されて、筆者は〝考え〟なくてはならなかった。つまり、何かの「問い」を提起して、その問いに自分なりの「答え」を出そうと試みた。その過程を文章にしたものが、哲学書・思想書なのだ。

だからまずは、筆者が生きた人間として抱え込んでいたはずの悩みや疑問（問題意識）を感じ取ろうとして読んでみよう。そしてさらに、それをどのような具体的な「問い」の形にしたのか、を読み取る。そうすると、難しい概念も「こういう問いを解くために、こんな概念をつくる必要があったのか、ナルホド」というふうにして、その意味が分かってくることが多い。

筆者の問題意識を知るためには、その人の生きた時代を知ることが役にたつ。伝記を読んでみるのもよい。しかし結局は、著作自体をていねいに読みながら、問題意識と問いを自分で見つけ出していくことが必要だ。「まえがき」「序文」に、筆者が正直に問題意識を吐露している場合もあるので、そこは読み飛ばさないこと。

では次に、第二のコツ。分からないところが出てきても前進すること。よく「一字一句をきちんと理解しないといけない」と思っている人がいるが、そのやり方だとたいてい挫折して最後まで読み通せない。分からないところが出てきても「?」とメモしておいて、ともかく前に進んでいく。後になると、「ナルホドそういうことだったのか」と分かってくることも多いからだ。また、一つの段落や節がよく分からないときには、そっくり飛ばして次に進む、という「奇手」もある。

第三のコツは、鉛筆で線を引きながら読むこと。大事だと思ったところには線を引き、分からないところには「?」をつける。そうすることで、筆者と〝対話しながら読む〟感覚が得られるからだ。また、欄外にキーワードを書き出しておくと、議論の筋道が整理しやすくなる。

第四のコツは、もし可能なら、仲間といっしょに読む(読書会をする)こと。一人だと読めなくても、何人かで読むと分かってくることが多い。本格的にやるときには、各章のまとめ(レジュメ)を誰かが作って、それを読みながら議論する。もっと気楽にやりたいときには、「読み合わせ」がよい。集まった場所で、本を少しずつ交替しながら音読していくのである。ときどき立ち止まって内容を確認する。予習がいらないし、何より楽しい。

では続いて、読みやすい哲学書を紹介していこう。

まず、**プラトン**の本はたいてい一人でも読み進められる。この本でとりあげた『**饗宴**』（岩波文庫など）『**パイドン**』（岩波文庫）に挑戦してみてはどうだろうか。また、『饗宴』を読んだあとは、恋愛論であり哲学論でもある『**パイドロス**』（岩波文庫）を読んでみよう。人が恋するとき、じつは相手のなかに理想（イデア）を見《み》出《いだ》しているのであって、恋する自分の魂にも「羽」が生えてくる。そういう〝憧れの哲学〟の感触がよく伝わってくる。哲学的な思考法に関心のある人は『**メノン**』（岩波文庫など）。本質を問うとはどういうことかが、よくわかる。

近代哲学では、**デカルト**。この本で取り上げた『**方法序説**』（ちくま学芸文庫など）はぜひ読んでほしい。そこには、彼の半生が自伝的に語られているが、激しい知的情熱をもって物事を理解しようとしたデカルトの生き方がダイレクトに伝わってくる。「我思う、ゆえに我あり」の思想を詳しく理解したければ、『**省察**』（ちくま学芸文庫など）を読んでみよう。

ホッブズ『**リヴァイアサン**』（岩波文庫など）も、比較的読みやすい。前半に、人間論（情念論）が含まれていて、人にとって「名誉」を求める心がどんなに大きいものか、ということが書かれている（これは、人間同士が争う理由の一つである）。彼の人間観察はきわめてリアルで説得力がある。

近代哲学最大の哲学者である**カント**と**ヘーゲル**は、どちらも素晴らしく面白いが、とても難解で一人では読めない。まずは、**竹田青嗣**『**超解読！　はじめてのカント『純粋理性批判』**』、**竹田青嗣・西研**『**超解読！　はじめてのヘーゲル『精神現象学』**』（ともに講談社現代新書）を読んでみよう。大学生になったら、読書会をつくって挑戦してみてほしい。

実存主義の**キルケゴール**『**死にいたる病**』（ちくま学芸文庫など）は、そこに描かれる「絶望」の姿がリアルでおもしろい。冒頭が読みにくいが、そこをがんばって通過する（読み飛ばす）と、途中からは普通に読んでいける。ニーチェに興味がある人は、本文でとりあげた『道徳の系譜』（ちくま学芸文庫『ニーチェ全集11』など）が、論文形式になっている点で、比較的分かりやすい（とはいっても、じつはけっこう読みにくい）。主著『ツァラトゥストラ』（ちくま学芸文庫『ニーチェ全集9・10』など）は小説仕立てになっているので、ともかく読み進められる。意味のよく分からないところも多いはずだが、彼の文章の輝きとテンションの高さを、一度味わってみてほしい。

マルクス『ドイツ・イデオロギー』（岩波文庫など）には、経済から社会と歴史を見る「唯物論的な歴史観」が詳しく描かれている。フロイトは、『精神分析入門』（新潮文庫など）か、『自我論集』（ちくま学芸文庫）。

現象学のフッサールも読みにくいが、『現象学の理念』（作品社など）という薄い講義録があって例外的に読みやすく、現象学の発想がよくわかる。これについても、竹田青嗣『超解読！　はじめてのフッサール『現象学の理念』』（講談社現代新書）に嚙《か》み砕いた解説がある。ハイデガー『存在と時間』（ちくま学芸文庫など）は、目からウロコが落ちるような思いをさせられる、じつに魅力的な書物だが、やはりかなりの難度。読書会で読むことを勧める。

現代思想はたいてい読みにくいが、ソシュール、ウィトゲンシュタイン、アレント、レヴィ＝ストロースは、ある程度読める。レヴィ＝ストロースには、哲学専攻の学生だった彼が人類学者に転身しブラジルに赴く過程を語った『悲しき熱帯』（中公クラシックスなど）という自伝的作品がある。これは文章が生き生きとしており、当時の時代の気分もよく伝わってきてお薦め。

たくさん書名を挙げたが、まずは、プラトン、デカルトあたりから始めてみよう。皆さんが哲学・思想書からたくさんの糧を得られますように。

●**編著担当**（本文の選択、「解読」「解説」〈【人と時代】を除く〉執筆）

竹田青嗣 プラトン、アリストテレス、ホッブズ、カント、ヘーゲル（『精神の現象学』解読）、フロイト、ソシュール、フッサール、アレント、メルロ＝ポンティ、レヴィ＝ストロース

西 研 デカルト、ルソー、ヘーゲル（『法の哲学』解読、解説）、キルケゴール、マルクス、ニーチェ、ソシュール、ハイデガー、ウィトゲンシュタイン、フーコー、デリダ

●**執筆協力 現象学研究会**

【執筆者一覧（五〇音順・肩書きは二〇一四年執筆時）】

居細工《いざいく》豊《ゆたか》 近畿大学附属高等学校国語科特任教諭（執筆担当：メルロ＝ポンティ【人と時代】）

石川《いしかわ》輝吉《てるきち》 桜美林大学非常勤講師、日本社会事業大学非常勤講師（執筆担当：カント【人と時代】／哲学・思想の流れ1 中世哲学）

磯部《いそべ》和子《かずこ》 翻訳者（執筆担当：デカルト【人と時代】）

大石《おおいし》敦子《あつこ》 埼玉県立高等学校国語科教諭（執筆担当：フーコー【人と時代】）

金《きむ》泰明《てみょん》 大阪経済法科大学法学部教授（執筆担当：ホッブズ【人と時代】／哲学・思想の流れ3 イギリス経験論）

小井沼《こいぬま》広嗣《ひろつぐ》 法政大学兼任講師（執筆担当：レヴィ＝ストロース【人と時代】／哲学・思想の流れ4 ドイツ観念論）

河野《かわの》弘毅《ひろき》 翻訳会社勤務（執筆担当：ソシュール【人と時代】）

小林《こばやし》孝史《たかし》 出版社勤務（執筆担当：フッサール【人と時代】／ハイデガー【人と時代】／哲学・思想の流れ5 実存主義）

齋藤《さいとう》隆一《りゅういち》 大手通信会社系シンクタンク主幹研究員（執筆担当：ヘーゲル【人と時代】／哲学・思想の流れ2 大陸合理論）

杉田《すぎた》宏平《こうへい》 会社員（執筆担当：アリストテレス【人と時代】）

苫野《とまの》一徳《いっとく》 熊本大学教育学部講師（執筆担当：ルソー【人と時代】／哲学・思想の流れ6 プラグマティズム）

富澤《とみざわ》滋《しげる》 埼玉県立高等学校国語科教諭（執筆担当：アレント【人と時代】）

中森《なかもり》康之《やすゆき》 豊橋技術科学大学准教授（執筆担当：ウィトゲンシュタイン【人と時代】）

野口《のぐち》勝三《かつぞう》 京都精華大学人文学部特任准教授（執筆担当：ニーチェ【人と時代】／デリダ【人と時代】）

橋口《はしぐち》丈志《たけし》 清風高等学校国語科教諭（執筆担当：プラトン【人と時代】）

平原《ひらはら》卓《すぐる》 （執筆担当：マルクス【人と時代】）

枡岡《ますおか》大輔《だいすけ》 早稲田大学大学院社会科学研究科博士課程在学中、東京工芸大学非常勤講師、千葉商科大学非常勤講師（執筆担当：キルケゴール【人と時代】）

山竹《やまたけ》伸二《しんじ》 著述家（執筆担当：フロイト【人と時代】／哲学・思想の流れ7 ポスト構造主義／哲学・思想史年表／「●読書案内」の一部リストアップ）

●**本文イラスト** **瀧原《たきはら》愛治《あいじ》**

【編著者】

竹田青嗣（たけだ・せいじ）　哲学者・文芸評論家。早稲田大学国際教養学部教授。一九四七年生まれ。主な著書に『自分を知るための哲学入門』『現代思想の冒険』（ちくま学芸文庫）、『ニーチェ入門』（ちくま新書）、『自分探しの哲学』（主婦の友社文庫）、『人間的自由の条件』（講談社学術文庫）、『ハイデガー入門』（講談社選書メチエ）、『完全解読　ヘーゲル「精神現象学」』（西研との共著）（講談社選書メチエ）、『現象学入門』（ＮＨＫブックス）、『フロイト思想を読む』（山竹伸二との共著）（ＮＨＫブックス）など多数。

西　研（にし・けん）　哲学者。東京医科大学教授。一九五七年生まれ。主な著書に『ヘーゲル・大人のなりかた』（ＮＨＫブックス）、『哲学のモノサシ』『ＮＨＫ「100分de名著ブックス」ニーチェ　ツァラトゥストラ』（ＮＨＫ出版）、『実存からの冒険』『哲学的思考』（ちくま学芸文庫）、『集中講義これが哲学！――いまを生き抜く思考のレッスン』『哲学の練習問題』（河出文庫）、『知識ゼロからのニーチェ入門』（竹田青嗣、藤野美奈子との共著）（幻冬舎）など多数。

【執筆協力】現象学研究会（執筆者一覧は二〇七ページ）

高校生のための哲学・思想入門

――哲学の名著セレクション

二〇一四年一一月二五日　初版第一刷発行

二〇二一年九月二五日　初版第五刷発行

編著者……竹田青嗣・西　研

執筆協力……現象学研究会

発行者……喜入冬子

発行所……株式会社筑摩書房

東京都台東区蔵前二―五―三

郵便番号　一一一―八七五五

電話　〇三―五六八七―二六〇一（代表）

印刷……大日本法令印刷

製本……積信堂

ISBN 978-4-480-91724-9 C7010